山口 誠
Makoto Yamaguchi

客室乗務員の誕生

——「おもてなし」化する日本社会

岩波新書
1825

はじめに――客室乗務員という日本文化

日本初の客室乗務員は、エアガールと呼ばれた。

「又さん大臣」の愛称で人気を博した小泉又次郎・逓信大臣（当時）を乗客第一号に迎え、一九三一（昭和六）年三月に初飛行をおこなったエアガールたちは、雲の下を飛ぶために大きく揺れる小さな旅客機で、いまでは考えられない「業務」を期待されていた。

エアガールは太平洋戦争を目前に姿を消したが、終戦後しばらくして復活した客室乗務員は、ときにエアホステスと呼ばれ、やがてスチュワーデスという名で長らく呼ばれてきた。

いま日本の客室乗務員は、ＣＡ《シー・エー》と呼ばれる。

一九八〇年代末に生まれ、本書で後述する背景から二一世紀に広まっていったその呼称は、客室乗務員を意味するCabin Attendantに由来するという。

しかし「ＣＡ」は日本で誕生した、この国ならではの呼称である。

たとえば英語圏では Flight Attendant あるいは Cabin Crew と呼ぶのが一般的であり、その略称はＦＡやＣＣとなるため、海外の航空関係者に「シー・エー」といっても、まず通じない。「ＣＡ」は和製英語の一種であり、そこには独特な響きがある。

もちろん日本の航空各社も、また当の客室乗務員たちも、そのことは承知しているだろう。たとえば国際線の機内で英語のアナウンスを聞くと、自らを Cabin Crew と呼ぶ客室乗務員が多数派である。それでも「ＣＡ」を最初に生み出した日本の航空会社では「キャビン・アテンダント（Cabin Attendant）」、つまり和製英語「ＣＡ」を英訳したかのような呼称を機内アナウンスで用い、機内サービスや免税品を案内する印刷物でも使用し続けている。国際エアライン・ランキングで一位を獲得することもある日本の翼を代表する航空会社でも、いや他ならぬ「日本のレガシー・キャリア（伝統ある大手航空会社）」だからこそ、その客室乗務員たちは誇りと確信をもって、自らを「ＣＡ」と呼ぶのかもしれない。

かつてほど高倍率ではないが、いまも年間で一万人あまりの応募者を集め、高い人気と特殊な難しさで知られる客室乗務員の採用試験の世界では、客室乗務員よりも「ＣＡ」のほうが定着して久しい。そして志望者たちは、その独特な響きに憧れを込めて「シー・エー」と呼ぶ。

ここから本書が問いたいのは、客室乗務員の呼称として「ＣＡ」が正しいか否かではない。

または日本の客室乗務員の特殊性を並べ立て、その奇妙さを外部から批判することでもない。むしろ「CA」のように日本独自の客室乗務員のイメージが存在し、それが航空会社の関係者や志望者だけでなく、日本で当たり前のように共有されているのならば、それはなぜ、いつから、どのようにして誕生した「日本文化の結晶体」であるのか、それを生み出した社会的なメカニズムとは何か、偏見や予断を持たずに歴史資料をもとに探究してみることである——わたしたちは日本の客室乗務員に、どのような期待や欲望を投影してきたのだろうか。

そうして日本の客室乗務員たちの航跡をたどる本書の旅は、わたしたちが生きる社会のあり方を考えるうえで、格好の材料を提供してくれるだろう。

CALL
CA(客室乗務員)に
注文書をお渡しください。
Pass the completed
form to a cabin attendant.
请将订购单交给客舱乘务员。

いま客室乗務員は「CA」と呼ばれる(全日空「機内免税品ご注文書」より)

その一例が、日本の客室乗務員と「おもてなし」が取り結ぶ、特別な関係である。

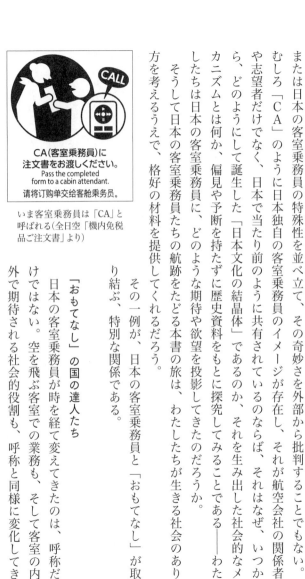

「おもてなし」の国の達人たち

日本の客室乗務員が時を経て変えてきたのは、呼称だけではない。空を飛ぶ客室での業務も、そして客室の内外で期待される社会的役割も、呼称と同様に変化してきた。それらの詳細は続く1章からみていくが、現在の客室乗務員には高度な「おもてなし」の実践が求められていることに、本書では注目したい。

たとえば日本の航空会社には、客室での接客スキルを客室乗務員たちが競う行事を公開し、高度な「おもてなし」を内外にアピールする企業もある。その行事の名は「OMOTENASHIの達人」コンテストといい、二〇一三(平成二五)年の年末から開始された。同年の九月にはオリンピックの二〇二〇年夏季大会の開催都市を決定する会合があり、東京への五輪招致を呼びかけた滝川クリステルの有名なスピーチの一節「おもてなし」から命名された行事であることは明らかである。(ちなみに滝川の夫となった小泉進次郎は、上述した客室乗務員の乗客第一号、小泉又次郎の曽孫である。)

ただし客室乗務員と「おもてなし」は、最初から結び付いていたわけではない。たとえば小泉又次郎と同乗した戦前のエアガールたちに、業務マニュアルを超えた創意工夫が生み出す「おもてなし」は求められていなかった。戦後のエアホステス、そしてスチュワーデスにも、それは期待されていなかった。むしろ一社で年間一〇〇〇人あまりを大量採用していた一九七〇年代には、急増した客室乗務員たちの接客マナーの劣化を批判する報道も頻発していた。客室乗務員が「おもてなし」と結合し、その先導者としての社会的役割を担うようになる状況は、一九八〇年代以降に出現した新しいイメージの産物であると考えられる。

それでも現在、客室乗務員は「おもてなし」の達人であることを、自他ともに認めている。書店には客室乗務員が説く「おもてなし」の指南書が多数並び、国際線の乗務経験者が講師を務める接客研修やマナー講座には根強い需要がある。さらには鉄道の特急車両、旅行会社の窓口、自動車や住宅をはじめとする販売店、そして携帯電話ショップなどには、「ＣＡ」の制服と所作を模した接客担当者たちがいる。五輪招致のスピーチで「おもてなし」を世界へ発信したとされる滝川クリステルも、大きなスカーフが印象的な「ＣＡ」風の制服を身に着けていた。

いつのまにか日本は「おもてなし」の国になり、その「伝統文化」を先導する役割を客室乗務員が担っている。そうして訪日外国人（インバウンド）の記録的な急増と、二〇二〇（令和二）年の東京五輪や二〇二五年の大阪・関西万博をはじめとする国際イベントの開催をうけて、いまや日本中に「おもてなし」が浸透し、街なかには「ＣＡ」があふれているかのようだ。これはなぜ、いつから、どのようにして生まれた日本社会の姿なのだろうか。

客室乗務員の航跡からみえる日本

客に飲食を提供する「もてなし」という語は古いが、それに「お」が付いた「おもてなし」

という語には、飲食以上の「何か」の提供が期待されている。それはアメリカの客室乗務員を研究した社会学者A・R・ホックシールドがいうように労働者の感情であり、その源泉としての人格かもしれない。だがいまの日本社会で客室乗務員たちが先導する日本の「おもてなし」には、理不尽な精神的従属を求める「感情労働」には納まらない「何か」があるように思える。

いつから客室乗務員には「おもてなし」が期待され、その達人になることが究極の「任務(mission)」となったのだろうか。そして日本の「おもてなし」に見出された「何か」とは、いったい何だろうか。

本書は、これまで学術的に通観されることのなかった日本の客室乗務員の歴史を分析の縦糸として、その時々の新聞や雑誌の記事、テレビ番組、広告などに描かれたメディア言説を分析の横糸として用いることで、時代とともに変遷してきた日本の客室乗務員のイメージを復元し、その社会的意味を観光社会学の視角から考察することを試みる。

まずは日本の空を初めて飛んだエアガールに着目し、客室乗務員をめぐる最初のイメージとその業務をみることから、本書の議論を離陸させたい。

目次

目　次

扉イラスト＝123RF

《凡　例》

・株式会社、有限会社、特殊法人などの団体種別は、原則として省略した。

・引用・参照した文献の出典は、文末で著者名と出版年を記し、巻末に文献一覧を付した。なお新聞記事の引用は、紙名の略称と年月日を記した。たとえば『朝日新聞』一九七三年七月二七日の場合は（朝日一九七三年七月二七日）とした。

・引用文は、読みやすさの観点から現代仮名遣いと新字体に統一し、句読点を補い、また文意を損なわない範囲で一部変更した箇所もある。なお引用文中の誤記や独特な表現は修正せず、［ママ］を付した。

・引用文の差別や偏見にかかわる表現は、史料的価値を考慮して原文のまま引用した。ご理解をお願いしたい。

1 章

1931–41 年

日本初の「業務《service》」

エアガールの誕生

又さん大臣が空の旅
エアガールのサービスに大喜び

エアガールと乗客第 1 号・小泉又次郎（読売 1931 年 3 月 30 日）

1 「客室」と「乗務員」の出現

最初の「業務」

客室乗務員とは、上空を飛行する旅客機の客室に常駐し、乗客の安全確保や飲食提供などの業務に専従する、航空界ならではの職業である。そして航空機に「客室」という空間が出現しなければ、そこに常駐する「乗務員」は、そもそも出現しない。そのため本章では、日本の客室乗務員の原点とともに、文字通り「客室」を手探りで作り上げていった日本の航空の草創期をみてみたい。

客室乗務員が初めて日本の空を飛んだのは、一九三一(昭和六)年の春だった。それは世界初と目されるアメリカの「スチュワーデス」の初飛行から、わずか一〇か月後のことだった。ただし日本初の客室乗務員はスチュワーデスではなく、「エアガール」と呼ばれた。その客室での仕事にも、アメリカの客室乗務員とは異なる独特な「業務」が求められていた。

いったい日本初の客室乗務員たちは、空飛ぶ客室で何を期待されていたのだろうか。

「エア」か「エロ」か

その答えは、当時の新聞報道から読み取ることができる。一九三一年一月二三日の新聞各紙には、「エアガールの募集」を伝える記事が一斉に掲載された。その誕生のときから、エアガールは大きな注目を集める存在だったようだ。

たとえば『東京日日新聞』(後の『毎日新聞』)は「尖端「空の女給」」と題した記事で、東京から伊豆の下田を経て静岡の清水へ飛ぶ東京航空輸送社が、「客室には美しいエーヤ・ガールを乗せてカクテールや熱いコーヒーのサーヴィスをさせることになった」と報じている。同じ日の『読売新聞』も「空のピクニックをヨリ快適」にするため、「佳麗なエロ・ガールを同乗せしめ乗客に空中からの名所案内と同時にカクテル、コーヒー等の味覚サービスを行わしめる」と伝えている。

この『読売新聞』の「エロ・ガール」は、誤記ではない。同日の『国民新聞』は「エロ・ガールならぬエーア・ガールを乗組ますべく容姿端麗な尖端的女性を募ることになった」と記し、また『都新聞』も「空の旅行にエロ式の進出」と題した記事で「一九三一年のトップを切って空中のエロ進出」と書いている。

いわばエアガールの誕生は、その「尖端」的な職業婦人のイメージとあわせて「エロ」の新機軸として注目を集めたこと、いいかえれば日本の客室乗務員は生まれる前から「女性化」されていた状況が、これらの新聞報道から浮かび上がってくる。

当時の新聞各社が期待した「エロ」のイメージには、このころの社会背景が深く作用していたと考えられる。たとえば四年前の一九二七(昭和二)年に発生した昭和金融恐慌、さらに一九二九(昭和四)年のニューヨークの株式市場大暴落に端を発する世界大恐慌の影響から、当時の日本は深刻な経済不況と社会的混乱に陥っていた。そうした世相から「エロ・グロ・ナンセンス」という言葉が流行し、退廃的な色彩を帯びた文芸作品や芸術表現が巷にあふれるようになったという。その渦中に誕生したエアガールも、いわゆる「エロ」のイメージによって解釈されてジェンダー化され、最初期のイメージが形作られようとしていた。

このようなメディアからのまなざしに対し、エアガールを募集した東京航空輸送社は、まったく同調しなかった。むしろ新聞各社が求めた「エロ」のイメージに対抗するため、およそ異なる主体像を作り出すことに尽力していった。そうした「生みの親」が思い描いたイメージを知る鍵は、エアガールたちに期待された業務内容にあった。

たとえば上述の新聞報道によれば、エアガールの仕事には第一にカクテルやコーヒーや軽食などを乗客に提供する「飲食給仕」があり、第二に客室の窓から見える眼下の名所や地理を説明する「機窓案内」があったという。とくに後者は、同じころ誕生したアメリカのスチュワーデスや現在の客室乗務員にはみられないサービスであり、これが日本初の客室乗務員に期待された独特な「業務」となっていった。

採用試験と三人の合格者

エアガールの募集を伝える新聞報道から二週間後の二月五日、東京・新橋の飛行館で実施された採用試験には、一四一人の応募者が集まったという。その顔触れには「まだ十五歳の水兵服や赤いセーターを着た可憐な少女もあり、制服の円太郎嬢《えんたろう》〔乗合馬車の車掌＝引用者注、以下同〕、高島田に結綿《ゆいわた》で極彩色の銀座某一流カフェーの女給、簡易保険局員、松屋松坂屋等のショップ・ガール等」があり、さまざまな経歴と年齢の女性たちが、未知の職業であるエアガールの三人の募集枠に挑んだことがわかる（読売一九三一年二月六日）。

予想を超える応募者が集まったため、開始時間を繰り上げて実施された一次試験では、当時の民間航空界の重鎮や有力者たちが参集し、その試験官を分担した。たとえば「民間航空の

押寄せたモダン天女志願
けふエア・ガールの採用試験に

1-1　エアガールの採用試験
（東京朝日 1931 年 2 月 6 日付夕刊）

父」と呼ばれた元陸軍中将の長岡外史《ながおかがいし》、民間航空界の最古参である日本航空輸送研究所の創業者・井上長一《ちょういち》、そして女性操縦士の草分けとして知られた朴敬元《パクキョンウォン》などである。彼らはエアガールを募集した東京航空輸送社の相羽《あいば》有《たもつ》を助けるため、手分けして応募者全員と面接した結果、一〇人の合格者を選出したという。

それから一か月後の三月五日、二次試験が実施された。ここでは航空医学の権威で陸軍軍医の寺師《てらし》義信《よしのぶ》が協力し、候補者の全員を飛行機に搭乗させ、それぞれの耐性や適性を調べる身体検査がおこなわれた。そうして四七倍という狭き門を最終的に突破したのは、東京府立第一高等女学校の和田正子、フェリス和英女学校の本山英子、そして錦秋《きんしゅう》高等女学校の工藤雪江の三人だった。いずれも同月の末に高等女学校を卒業する見込みの、いわゆる教育エリート層に属する女学生ばかりである。

これは先にみた「エロ」のイメージには馴染まない、少なくとも新聞報道の期待を裏切る結果だったといえる。なぜなら先にみたように、エアガールの応募者にはショップガール（百貨店の販売員）やバスガールなどの職業婦人はもちろん、「エロ」の象徴ともいえる「銀座某一流カフェーの女給」も多数含まれていたからである。それでもエアガールを募集した東京航空輸送社は、即戦力にはなり難い一〇代の新卒エリートばかりをあえて選抜した。そこにはエアガールを誕生させた、同社社長の相羽有の意図があった。

エアガールの「生みの親」相羽有

東京航空輸送社は、エアガール募集より二年半前に創設されたばかりの、新しい民間航空会社だった。同社は東京湾の羽田穴守《あなもり》海岸を拠点とし、陸上の滑走路ではなく海面から飛び立つ水上飛行機を二台所有するだけの小さな会社だったが、その創設者である相羽有は当時の航空界では知る人ぞ知る大物だった。相羽が生み出したものはエアガールだけでなく、たとえば羽田空港の基礎を築いたのも彼だったという。

一八九五（明治二八）年に宇都宮の裕福な呉服店に生まれた相羽は、四歳で父を、その翌年に母を相次いで亡くし、分け与えられた遺産と独立独歩の教えのもとに幼少期を過ごした。小学生のころ、ライト兄弟が動力飛行に成功したニュースに衝撃を受けた彼は、大空への強い憧れを抱いたという。やがて郷里の商業高校を卒業し、上京して雑誌や新聞の記者などを経験した後、羽田穴守海岸の稲荷神社に近い空き地に日本飛行学校を設立し、日本初の民間パイロットの養成に着手した。それは飛行機が初めて実戦に使われた第一次世界大戦の最中の一九一六(大正五)年のことであり、彼は二一歳の若者だった。

強度の近眼のため、自ら操縦桿を握って飛行することを諦めていた相羽には、玉井清太郎《せいたろう》という四歳上の頼れる盟友がいた。三重県四日市出身の玉井は、飛行機を自製するエンジニアであり、そして自ら操縦するパイロットでもあった。玉井が校長と教官を兼務し、相羽が学校事業を運営する体制で始動した日本飛行学校には、後にゴジラやウルトラマンなどの特撮作品で名を馳《は》せる円谷《つぶらや》英二をはじめ、進取の気性に富んだ若者たちが集まったという。

しかし翌一九一七(大正六)年五月二〇日、円谷たち学生が見学する目の前で、玉井の操縦する飛行機が墜落するという事故が起こった。玉井と同乗者の両名は即死し、校長と飛行機を同時に失った日本飛行学校は、開設から一年あまりで休校を余儀なくされた。

ここから相羽は、日本飛行学校の再開のために奮闘した。まず日本飛行学校の跡地に日本自動車学校を開き、日本初の自動車教習所を運営した。同校は後に蒲田に移転して事業を拡大させ、ビュイックやシボレーのような高級輸入車を実技教習に使うなど、独自のサービスで話題を集めた。他方で新聞記者の経歴を持つ彼は、自動車学校のテキストを自作して販売し、また自動車専門の月刊誌『スピード』を創刊して自ら記事を書いた。さらにアメリカの自動車「スター号」を横浜と大阪でライセンス生産して月賦販売で人気を博すなど、さまざまなアイデアを実現し、起業家として次々と成功を収めていった。

そうして盟友の事故死から五年あまり後、日本飛行学校の再建にこぎ着けた。さらに同校に集まった教官たちの協力を得て、前出の東京航空輸送社を一九二八(昭和三)年に新設することで、念願の民間航空事業にも進出していった。

相羽が後に記した回顧録「羽田飛行場の生い立ち」によれば、彼が東京航空輸送社を羽田の地に設立したのと同じころ、日本初の国営の飛行場が同じ羽田の地に造成されることが発表されたという(日本航空協会編、一九六六)。このとき滑走路や関連施設の配置について助言し、自らの所有地を供出するなどして大きく貢献した相羽は、完成した羽田飛行場の敷地内に専用の代替地を与えられ、「羽田の父」という異名も得た。

メディア・イベントとしての初飛行

こうして東京航空輸送社が航空界の重鎮たちの協力を得て、日本初のエアガールを生み出すことができた背景には、相羽に特有の経歴と人脈があった。そして自ら記者や編集者も経験した彼の手によって、エアガールの誕生はその当初からメディア・イベントとして演出されていたこと、そこには先述した「エロ」のイメージに対抗する仕掛けがいくつも準備されていたことに、ここでは注目したい。

たとえば採用の決定から三週間後の一九三一年三月二九日、東京航空輸送社のエアガールたちは東京の羽田から静岡の三保《みほ》半島を経由して、沼津へ向かう初飛行に挑んだ。その様子は採用試験と同様に大きな記事で、新聞各紙が詳しく伝えた。なぜなら相羽が招待した初飛行の乗客には、衆目を集めるに足りるニュース・バリューがあったからである。

このときエアガールのサービスを受ける乗客第一号として招待されたのは、当時の航空事業を管掌していた逓信省の現職の大臣であり、「いれずみ議員」や「又さん大臣」などの愛称で人気を集めていた小泉又次郎、その娘の芳江、そして小泉の秘書官の三人だった。離陸した機内でエアガールが提供する紅茶を喜び、「どうです。この手廻しのいいサーヴィス振りは」と褒めちぎる小泉大臣のコメントは、エアガールと一緒に撮った写真とともに、翌朝の新聞紙面に掲載された(読売一九三一年三月三〇日など)。

三日後の四月一日、晴れて高等女学校を卒業したエアガール三人はそろって東京を発ち、静岡の清水へ飛んだ。同地の「エアガール歓迎会」に出席するためだった。定員四人の狭い客室に、エアガール三人と相羽に加えて記者二人の計六人が乗り込んだ定員オーバーの水上飛行機は、「ただいま離水です」というエアガールの第一声とともに小雨交じりの東京湾を午前一〇時二〇分に出発、一時間四二分のフライトへ飛び立った。

このとき同乗した記者の一人は、機内の様子を次のように描写している。

小田原の海岸を過ぎた頃ガール達はバスケットを開いてビスケット、サンドウィッチなどをお客にすすめて紅茶をいれる〔中略〕「ウィスキーはないか」とだれやらが聞くと「ありません」とアッサリ片付けられる、当分この航空路は禁酒だ。「田子《たご》ノ浦《うら》です」それから「興津《おきつ》です、西園寺公の別荘が見えます」お次は「三保の松原です」羽衣に名高き三保を、きょうは昭和の天女が天がけるわけ。（東京朝日同年四月二日）

こうして日本初の客室乗務員たちは、紅茶や軽食を提供する飲食給仕とともに、眼下に見える名所を説明する機窓案内を実際におこなっていたことが確認できる。ただし当初の新聞報道とは違い、エアガールたちはカクテルやウィスキーなどのアルコールは提供しなかった。もちろんここにも「生みの親」である相羽有の意図が作用していた。

そもそも彼は、当時流行していたモダンガール、略して「モガ」の連想から、エアガールという造語を思い付いたという。そして「モガ」の象徴的な職業として知られていたバスガールの連想から、飛行機の眼下に広がる景色をガイドする機窓案内をエアガールの主要な業務に据えたところ、そこに想定外の「エロ」のイメージが付きまとうことになった。その様子は、エアガール募集時の新聞報道にみたとおりである。

そこでエアガールに対する「エロ」の偏見を払拭するため、相羽は航空界の重鎮を居並べた採用試験を公開し、初飛行には現職の逓信大臣に加えてその娘も招待し、さらに機上ではアルコールが提供されないことを宣伝した。そしてエアガールには、接客業の経験を持たないかわりに高等女学校卒の学歴を持つ、三人の新卒学生を採用した。稲垣恭子の『女学校と女学生』(二〇〇七)によれば、当時の高等女学校への進学率は一五%ほどだったことから、高女卒は希少な教育エリートを意味し、その多くが良家出身の「才媛」をイメージさせたといえる。

そうして相羽は「モガ」から「エロ」を引き算し、かわりに「良家の才媛」を足し算することで、日本初の客室乗務員のイメージを操縦しようと試みたと考えられる。それゆえエアガールたちに期待された第一の業務は飲食給仕よりも機窓案内であり、飛行機の客室で空飛ぶ女給が接客する「エロ」の空間ではなく、高度な教育を受けた高女卒のエリートが歴史や文学の知識をもとに眼下の景色を案内する、健全な空間を作り上げることだった。上述の新聞報道を引用すれば、日本初の客室乗務員は接客に長けた「空の女給」ではなく、空の上から下界をガイドする「昭和の天女」として企図されていたのだった。

イメージと現実

しかし相羽の目論見は、たった一か月で暗礁に乗り上げた。

エアガールの初飛行から三一日後、「エアガール総辞職」という記事が新聞各紙に掲載された。それによれば、電車賃だけで月に五円は必要なのに対し、一七円ほどしか支給されない安月給に悲嘆したエアガールの三人が相談し、そろって辞職することを決心したという（東京日日一九三一年四月三〇日、国民同日付夕刊（四月二九日発行）など）。

知的で健全な「昭和の天女」を期待してエアガールを生み出した相羽に対し、雇われた三人は時代の先端をいく「モガ」として、自立した生活を送れる条件を求めた。双方は話し合いを重ねたものの翌月に一人が辞職し、残る二人も一年足らずで相羽のもとを去った。

こうして日本初の客室乗務員は、短命に終わった。その理由は、エアガールの「生みの親」

がイメージの操縦に工夫を凝らした一方で、その「担い手」たちの能力や希望に見合った待遇を提供することには渋ったためだった。求められたイメージと与えられた現実の大きなギャップに直面した「担い手」たちは、高倍率を乗り越えて手にしたエアガールの仕事を、ただちに辞した。それほどまでに解消しがたい乖離が、日本初の客室乗務員をめぐるイメージと現実の間に生じていたのだろう。

なお機窓案内を主な業務とする日本のエアガールは、数年後に復活することになる。その詳細をみる前に、日本のエアガールとほぼ同時期にアメリカで誕生した世界初のスチュワーデスたちの姿をみることで、両者を比較して最初期の客室乗務員の特徴を考えてみたい。

2　「空飛ぶ看護師」たちのアメリカ

世界初の客室乗務員とは

日本に先駆けて航空機の実用化に成功していた欧米では、離陸後の水平飛行中に飲食物を乗客へ提供するサービスが、一九一〇年代末までにははじまっていたという。ただし当時の航空機のなかで独立した客室を備えた機体は珍しく、乗員と乗客は同じ空間を共有して飛行することが一般的だった。乗客を世話する乗務員もいなかったため、せいぜい操縦士が水筒に入ったコーヒーや紅茶、あるいは軽食を乗客に「おすそわけ」する程度で、それも天候や気流の具合、そして操縦士の気まぐれから、ときに省略されたという。

世界で初めて客室に専従する乗務員を配置したのは、一九二二年のダイムラー航空（英国航空の前身の一つ）だったという。最初期には航空機への負担を減らすため、小柄な少年たちが採用され、彼らはキャビン・ボーイズ（Cabin Boys）と呼ばれた。やがて接客サービスの向上のために青年や成人の男性が雇用されるようになると、洋上を長期航海する船舶で食事の支度や乗客の世話を担当する男性の司厨員《しちゅういん》にならい、彼らはスチュワード（Steward）と呼ばれるようになった（Stadiem, 2014）。

そのスチュワードの女性名詞であるスチュワーデス（Stewardess）が、空飛ぶ航空機の世界に登場したのは、アメリカのボーイング・エアトランスポート社が新設した、カリフォルニア州のオークランドからイリノイ州のシカゴを結ぶ国内航路においてだった。それは一九三〇年五月一五日のことであり、前述したように東京航空輸送社のエアガール誕生より一〇か月前のことだった。こうして世界初の男性の客室乗務員はイギリスで、そして女性の客室乗務員、すなわちスチュワーデスはアメリカで、それぞれ誕生したことになる。

スチュワーデスの誕生

スチュワーデスを発案し、その第一号を自ら務めたのは、エレン・チャーチという当時二五歳のアメリカ人女性だった。一九〇四年にアイオワ州北部の町クレスコで生まれたチャーチは、幼いころ自宅の近くに開設された飛行場と、大空を自由に駆ける飛行機に出会い、生涯続く空への憧れを抱いたという。このころアメリカの田舎に生まれ育った優秀な女性たちの多くがそうしたように、チャーチは看護師の資格を取得して都会へ移住し、自立する道を選んだ。ただしチャーチが少し変わっていたのは、農薬散布などに使用する小さな軽航空機の操縦技術を一〇代のうちに習得し、操縦士のライセンスを取得していたことだった。

ミネソタ大学で看護学を修めたチャーチは、カリフォルニア州サンフランシスコの総合病院に看護師として勤務した。それでもチャーチは、空への憧れを忘れていなかった。ある日、同じ西海岸の都市シアトルを拠点とする大手航空機メーカーのボーイング社が操縦士とスチュワードをそれぞれ募集する広告を偶然目にしたチャーチは、迷わず同社の旅客部門であるボーイング・エアトランスポート社を訪れ、募集の詳細を尋ねたという。もちろんライセンス取得者として、操縦士に応募するためだった。

しかし説明を聞いたチャーチは、ボーイング社が製造した最新の大型旅客機が、故郷で親しんだ一人乗りの軽飛行機とは何もかも違うことをただちに理解した。それでも大空への情熱を再燃させたチャーチは、同時に募集していたスチュワードの代わりに、看護師として実績のある自分を客室乗務員として雇うことを、同社へ提案した。

エレン・チャーチの挑戦

当時の航空機は事故が多く、鉄道や自動車よりも危険な乗り物と目されていた。そのため乗客を運ぶための航空機である旅客機は本格的に開発されはじめたものの、まだまだ民間の旅客需要は乏しかった。そこに目を付けたチャーチは、若い女性の看護師を同乗させれば旅客機の安全性をアピールすることに貢献し、また看護師ならば客室での細やかなサービスはもちろん、事故の発生時にも適切に対応できるため、乗客の安心と信頼を勝ち取ることにもつながる、と説いたという(Omelia & Waldock, 2006)。

ボーイング・エアトランスポート社はチャーチのアイデアに興味を示し、三か月の試用期間を提案した。これに応じたチャーチは、勤務先の同僚や友人の看護師たち七人を誘い、世界初の女性の客室乗務員、すなわちスチュワーデスとして、旅客機に乗り込んだ。

都会の総合病院でキャリアを積んだ看護師たちの質の高いサービスは、瞬く間にニュースになった。まもなく同社の新規航路だけでなく、既存の航路にも予想外の乗客が殺到し、予約時には「スチュワーデスが同乗するのか」「誰が乗務する予定か」という問い合わせもあったという。そして当時は希少だった女性の乗客からも、スチュワーデスの出現は歓迎された。男性ばかりの狭い客室に、数時間も女一人で座り続ける息苦しさから解き放たれ、ときにスチュワーデスと雑談をすることも可能になったからだったという(Lawrence & Thornton, 2005)。

そうして好評のうちに試用期間を終え、正式に採用されたチャーチと七人の仲間たちは、客室での新サービスを次々と考案し、やがて客室乗務員の教則本や訓練メニューも作成し、新しく採用されることになった後進たちを育てていく役割も積極的に担っていった。

「オリジナル・エイト」と空飛ぶ看護師

スチュワーデスの誕生から四年後の一九三四年、独占禁止法による行政指導のために親会社ボーイング社から独立し、新たに「ユナイテッド航空」として再出発することになったボーイング・エアトランスポート社は、新会社の宣伝のためにチャーチたちを「会社の顔」にする戦略を採った。このとき同社は、スチュワーデスの始祖を意味する「オリジナル・エイト」という称号をチャーチたち八人のメンバーに与えた。それはユナイテッド航空のスチュワーデスこそがオリジナルであり、他社が真似のできない上質な機内サービスを開発し提供できることをアピールするためだった。これに同業他社が反応し、スチュワーデスを積極的に採用するとともに新しい機内サービスの実現を競い合った結果、男性の客室乗務員であるスチュワードは減少していき、アメリカの空には女性の看護師たちが飛び交う時代がやってきた。

チャーチをはじめとする「オリジナル・エイト」が航空界に与えた影響は多岐にわたるが、なかでも看護師の資格がスチュワーデスの第一条件になったことが注目に値するだろう。ただし採用の条件は他にもあり、たとえばユナイテッド航空は看護師資格に加え、未婚、二五歳以下、身長約一六四センチ以下(以上ではない)、体重約五二キロ以下、そして容姿端麗であること、などを応募者たちに求めた。他社もほぼ同様であり、女性の客室乗務員に「容姿端麗」を公然と要求した点は、アメリカも日本も大差なかったといえる。そして「オリジナル・エイト」の意図とは別に、男性が飛行機を操縦し、女性がその客室で乗客の世話をする、という航空界に根強く残ることになる性別分業も、このころ形作られていった。

視点を変えれば、世界の航空史の初期には、たとえば先述したエレン・チャーチや朴敬元のような女性の操縦士は、少数ながらも確かに存在していた。他方でチャーチ以前の客室乗務員

1–2　世界初のスチュワーデス「オリジナル・エイト」(左上がE. チャーチ)
(Omelia & Waldock, *Come fly with us!*)

が「男の職業」だったことは、先にみたとおりである。少なくとも「オリジナル・エイト」が出現して女性の客室乗務員が急増するときまで、日本を含む世界の航空界に固定的な性役割による分業は、まだ存在していなかった。男はパイロットで女はスチュワーデスといった「常識」は一九三〇年代に生まれたものであり、何よりもスチュワーデスが常駐する客室を備えた「旅客機」という概念自体が、誕生して間もなかった。

旅客機の登場

さまざまな種類がある飛行機のなかで、主に乗客を運ぶ目的のために設計された航空機を「旅客機」とすれば、それは戦闘機や輸送機などの軍用機よりも新しいジャンルであり、そして航空史においては主役とはいいがたい、周縁的な位置を与えられてきた。

そもそも新聞の発行と自転車の販売を生業としていたライト兄弟が、有人での動力飛行に成功したのは一九〇三年だった。はやくも一〇年後の第一次世界大戦で、戦争の概念を覆《くつがえ》すほどの威力を示した航空機は、最新兵器として開発競争が生じ、飛躍的な技術進歩を遂げていった。裏返せば、それは民間人が商用や観光で利用するような、平和な乗り物ではなかった。

第一次世界大戦が終結すると多くの航空機と操縦士が軍から払い下げられ、新たな民間航空の地平が開けて見えた。ただし当時は軍用機を転用した小中型の飛行機ばかりで、民間人や郵便物などを空路で運ぶ輸送能力は極めて限定的であり、それゆえ需要も少なかった。

その戦間期にあたる一九二〇年代から三〇年代にかけて、より多くの乗客や貨物を運ぶ大型の旅客機の開発に熱心だったのは、ヨーロッパではなくアメリカの航空機メーカーだった。戦争の傷跡が生々しく残るヨーロッパでは、高速で飛行する攻撃能力の高い戦闘機の開発が先行したのに対し、アメリカでは戦闘機と並んで平時の民間需要を見込んだ大型旅客機の開発が試みられた。二〇世紀に誕生した、人類未踏の大空を自由に駆ける飛行機の開発は、より多くの人々をより遠くへ安全に運ぶことができる、「空の民主化」への道筋でもあった。そうして大型旅客機の製造はアメリカの精神を体現することにつながり、そのトップランナーの一社が、世界初のスチュワーデスを生み出したボーイング社だった(Lawrence & Thornton, 2005)。

日本の航空界の黎明期

同じころ日本でも「航空の二〇世紀」とどう向き合うかが、大きな課題となっていた。日本の空を有人の動力飛行機が初めて飛んだのは、ライト兄弟の初飛行から七年後の一九一〇（明治四三）年のことであり、徳川好敏《よしとし》と日野熊蔵の二人の陸軍大尉がそれぞれ海外から持ち帰った飛行機をお披露目するため、陸軍の代々木練兵場でおこなった試験飛行が原点とされる。翌一九一一（明治四四）年に陸軍は埼玉・所沢に飛行場を新設し、航空技術に詳しい民間人たちと協同して国産の動力付き飛行機、つまり航空機の開発と製造に乗り出していった。

まもなく大正期に入ると、日本でも大小さまざまな航空機メーカーが生まれ、手探りで思い思いの機体を自作していった。しかしアメリカと同様に、軍需とは無関係な民間の航空需要はまだまだ乏しかったため、航空機は郵便物や小型貨物の輸送などに使われる程度で、それ以外ではせいぜい上空から海中の魚群を目視して漁船に伝える魚群探見飛行などに限られていた。

日本初のエアガールを生んだ相羽有の東京航空輸送社も、設立当初は静岡県から委託された清水港の魚群探見飛行を主な事業としていた。同社が一九三一年に東京から伊豆の下田を経て清水港へ向かう民間定期便を開設し、そこにエアガールを搭乗させた背景には、魚の群れを上空から探見する飛行のために羽田から清水へ向かう往復路に旅客を乗せ、文字通りの余剰収入を得る計算があった。その宣伝材料として考案されたのが、日本初の客室乗務員だった。

二代目エアガールとエアタクシー

こうして一年足らずの間に誕生した、同じ客室乗務員であるアメリカのスチュワーデスと日本のエアガールだが、先述したように後者は一年足らずで消滅してしまった。それでも懲《こ》りなかった相羽は、五年後の一九三六(昭和一一)年に再びエアガールを募集した。このとき新聞の取材に答えた彼は、前回の反省からか、「なるべく身体の軽い明朗女性がほしいのです、もっともあんまりお金にはならないからお白粉代かせぎの気持ちでなければお断りです」とクギを刺すことを忘れなかった。自ら生み出した「昭和の天女」の待遇を改善することは、彼の選択肢には入っていなかったようだ(読売一九三六年四月一七日)。

そのためか同年四月二六日に実施された一次試験の応募者数は、前回の三分の一にも満たない四〇人に留まった。同月末に実機搭乗を含む二次試験がおこなわれた結果、二人の二代目エアガールが採用された。一人は高等女学校の卒業後に二年間の会社勤務の経験を持つ小野田陽子、もう一人は小学校を卒業した後いくつかの接客業に従事していた加藤芳枝だった。新卒の

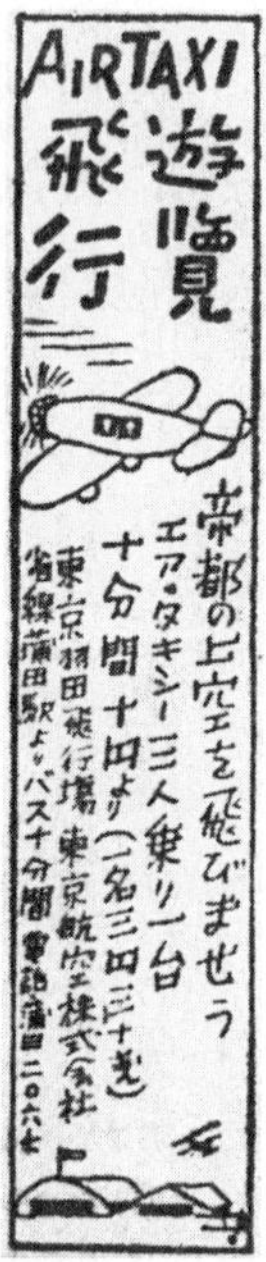

1–3　東京航空の「エアタクシー」(東京朝日1937年9月6日)

エリート女学生ではなく、社会経験を有する二人の成人女性を採用した点には、初代エアガールとの違いを見て取ることもできるだろう。

そうして一九三六年に誕生した二代目エアガールの初仕事は、東京と軽井沢を約五〇分で結ぶ「エアタクシー」への搭乗だった。エアタクシーは定期航空便とは異なり、乗客の求めに応じて不定期に飛ぶチャーター便の一種であり、同社が逓信省に申請して前年の一九三五(昭和一〇)年に認可されたばかりの、新しい民間航空サービスだった。

エアタクシーには避暑へ向かう富裕層のための東京・軽井沢線に加え、東京の上空を遊覧飛行する二つのコースが設定された。たとえば銀座コースが一台五円、東京中心部を一周するコースが一台一〇分で一〇円の料金だったが、一九三五年には「三月上旬から七月二十四日までに飛行回数三七三回」を飛び「乗客数一〇四一名(一日平均八名弱)という好成績」を記録したという(日本航空協会編、一九七五)。

エアタクシーの開始期には、東京航空輸送社に所属する女性の二等飛行士の李《イ》貞喜《ジョンヒ》が同乗して、機窓案内などの業務を担当した。だが翌一九三六年に株式会社へと改組し、事業の拡大を企図した新生・東京航空は、思わぬ好評を博して稼ぎ頭に急成長したエアタクシーを拡充するため、再びエアガールを募集したのだった。

日本独自の機窓案内

二代目エアガールに採用された先述の二人には、エアタクシーの窓から見える眼下の景色を説明する機窓案内に専念することが求められた。とくに東京上空の遊覧飛行ならば数十分ほどの短い飛行時間であるため飲食給仕は不要で、帝都・東京の見どころを上空からガイドする能力が求められた。まもなく東京航空は三人目のエアガールである清水文子を採用し、エアタクシー事業は順調に業績を伸ばしていった。そのとき業務の中心には、機窓案内があった。同じころアメリカの空を飛んでいた「オリジナル・エイト」とその後進たちとはまったく異なる、日本の客室乗務員に独自の業務だったといえる。

ただし好評を博したエアタクシーも二代目エアガールも、三年あまりで消滅してしまった。その理由は、日本政府が主導した「国策エアガール」の登場にあった。

3　国策エアガールと嘔吐袋

空の国策会社

一九三八(昭和一三)年の夏、エアガールの採用試験に五〇〇人を超える応募者が全国から集まった。二度の試験を通過して採用された一九歳から二五歳の女性たち九人は、約一か月の研修を経て、同年八月から搭乗業務を開始した。このときエアガールを募集したのは、これまでみてきた相羽有の東京航空ではなく、日本航空輸送という別の会社だった。

同社は一九二八年に日本政府が設立した特殊法人であり、いわば官製の航空会社だった。まずは東京から大阪を経て福岡を結ぶ国内幹線を定期運航し、さらに福岡から朝鮮半島の蔚山《ウルサン》や京城《けいじょう》(ソウル)、平壌《ピョンヤン》を経て中国大陸の大連を結ぶ「外地線」の運行を主な業務とする、名実ともに日本の空を代表するために創設された国策会社だった(日本航空協会編、一九八一)。

これより前にも、同じようなルートを飛ぶ民間の航空会社はいくつか存在していた。たとえば一九二二(大正一一)年に大阪の堺大浜と徳島を結んだ、井上長一の日本航空輸送研究所があった。上述のように井上は日本初の定期民間航路を実現した人物として知られ、初代エアガールの採用試験に協力するなど、東京を拠点とする相羽有とも親しい間柄だった。翌一九二三（大正一二）年には朝日新聞社が自社の取材のために整備した航空部門を独立させて東西定期航空会という子会社を開設し、東京と大阪を結ぶ定期便の運航に着手した。さらに同年には大阪を拠点とする川西龍三の日本航空（戦後の同名の会社とは無関係）が自社製の水上飛行機を使用して、大阪・別府・福岡の間に定期便を就航させていた。この他にも大小の航空会社が多数存在したが、上述した日本航空輸送の設立にあたって日本政府は民間各社の航空事業を強制的に整理統合し、とくに東京・大阪・福岡を結ぶ国内幹線は同社の独占事業と定めた。

その結果、日本航空輸送研究所や東西定期航空会は国策会社の幹線に接続する短距離のローカル線を主に担当することになり、国内幹線と重なる定期便を廃止した。他方で政府の強引な指示に業を煮やした川西龍三は、自社機を焼き捨てて旅客事業を廃業し、航空機のなかでも先端的な技術を要する小型戦闘機の開発と製造に専念した。後に川西は、太平洋戦争で名を馳せた戦闘機「紫電改《しでんかい》」を製造することになる（日本航空協会編、二〇一〇）。

こうして政府の肝煎りで誕生した国策会社の日本航空輸送は、フォッカーのスーパー・ユニバーサルをはじめとする最新鋭の旅客機を多数導入し、日本の空に新時代を築いた。しかしその実態は、収入の九割を政府の補助金で賄うほどの深刻な赤字経営であり、先進国としての体をなすために日本政府が保持し続けた、高価なアクセサリーのような官営エアラインだった。そもそも船舶と鉄道が高度に発達していた当時の日本社会では、航空輸送への民間需要は微々たるもので、国内幹線を独占しても黒字化できないほど航空輸送市場は小さかった。これまでみてきたように、同じころ相羽の東京航空輸送社(後の東京航空)のような民間の航空会社もいくつか存在していたが、その多くが採算を度外視した創業者の道楽のような経営で成り立っており、ときにエアタクシーのようなすき間事業がヒットする程度だった。

戦争と大日本航空

こうした日本の空に転機をもたらしたのは、やはり戦争だった。一九三七(昭和一二)年の盧溝橋事件に端を発する日中戦争をきっかけに、中国大陸への輸送需要が軍民の双方で急激に上昇した。なかでも数時間で人も物も運べる空の輸送が注目された結果、日本航空輸送が従来から飛ばしていた定期便だけでは間に合わない状況が生まれた。たとえば大陸へ渡航する文民の官僚、商人、報道関係者、そして彼らの家族や必要物資などを輸送するため、軍用機とは別の航空手段の拡充が急務とされた。

そのため日本政府は翌一九三八年、日本航空輸送を母体とする、さらに大きな国策航空会社を設立した。それは大日本航空であり、戦時下の日本の航空輸送能力を同社へ集中させるため、日本政府は相羽や井上長一などの民間の航空会社に対して飛行機や操縦士の供出を迫った。まもなく航空燃料の割り当てなども大幅に削減されていったため、民間会社の多くが廃業に追い込まれていった。エアガールを生んだ東京航空も、このころには旅客事業を整理し、戦時下で必要とされる練習用飛行機の製造などに業態を変えていった。

日本航空輸送の人材と機材を引き継ぎ、数多の民間航空会社も吸収して設立された大日本航空は、それまでとは桁違いの航空事業を展開していった。まず東京から福岡を経由して大連をはじめ、上海、南京、奉天など中国大陸の主要拠点へ向かう北進便、および福岡から那覇を経由して台北など台湾各地を結ぶ南進便をそれぞれ整備し、国内幹線の便数も倍増させて、新しい帝国日本の空のネットワークを拡充していった。

このとき同社はエアガールも増員した。先述したように前身の日本航空輸送が一九三八年に採用したエアガールは九人だったが、大日本航空として再出発した一年後には福岡に一〇人、東京六人、台北四人、大連二人の合計二二人に倍増させ、さらに一年後の一九四〇(昭和一五)年には三〇人あまりのエアガールが日本の空を飛び交うようになった。

この国策会社のエアガールたちは、相羽有が生み出した初代と二代目のエアガールとは比較にならないほど条件の良い待遇を受けた。たとえば月々の基本給は四〇円を超え、このほか飛行手当が二〇円ほど、さらに必要に応じて渡航先での宿泊料などが支給されたため、民間のエアガールの三倍から一〇倍に相当する高給を得ていた。戦時下としては破格の厚遇といえる。

そして新聞各社も、かつてのような「エロ」のイメージで国策エアガールたちを好奇の目にさらすような報道はしなかった。むしろ固有の名と顔を持ち、自らの業務を自らの言葉で積極的に語る、愛国心に満ちた先端的な職業婦人のイメージを喧伝していった。そうした様子は、『東京朝日新聞』が一九三九(昭和一四)年の四月二四日から二九日まで六回にわたって掲載した「エアガール座談会」という連載記事にも見て取ることができる。

空飛ぶ職業婦人たちの座談会

この「エアガール座談会」で目を引くのは、大日本航空のエアガールが飲食給仕と機窓案内をはじめとして、さまざまな業務を担当していた様子である。たとえば乗客が座る席を指定して飛行機の重心バランスをとるため、搭乗前には乗客全員の体重と手荷物の重量をはかったという。続けてエアガールの一人は、次のように説明している。

出る前にカルミンというお菓子(これをしゃぶっていると唾が出て耳のためによい)と耳綿をさしあげます。それから福岡で全部乗換えになりますので色リボンで青島《チンタオ》行きとか上海行きとか、全部区別して、時間になる五分前位に操縦士の所へ行って席を決めて貰います。

(東京朝日一九三九年四月二六日)

そうして離陸した機内では、エアガールたちが乗客に飲食を提供し、機体前方の空気穴を開閉して客室内の温度を調整し、あるいは乗客たちの話し相手などをしていたという。当時のプロペラ機では東京から大阪への飛行時間が約一時間三〇分、大阪から福岡は約二時間だった。さらに福岡から京城ならびに青島へは約二時間、そして上海には約三時間三〇分が必要だった。

機窓案内の進化型

このように圧倒的に長くなった飛行時間のなかで、大日本航空のエアガールたちは「二十分置《おき》位に位置とコース、どの位に着く予定だとかそういったものを調べまして、メモに書いて廻しながら説明する」ことを業務の一つとした。当時のプロペラ機の客室は、防音対策があまり施されていなかったため、飛行中はずっと大きな騒音に満ちていた。そこで登場したのが、筆

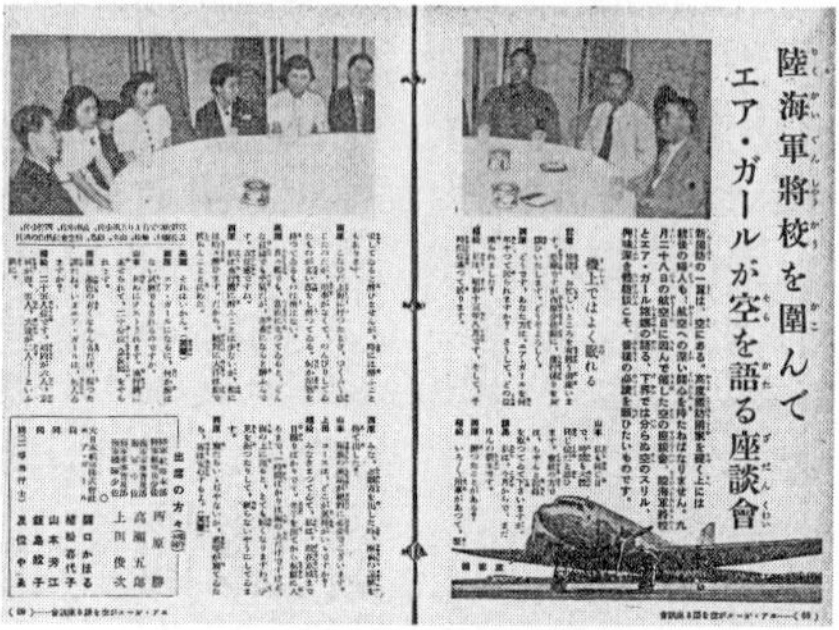
陸《りく》海《かい》軍《ぐん》將《しやう》校《かう》を圍《かこ》んで
エア・ガールが空《そら》を語《かた》る座《ざ》談《だん》會《くわい》

1-4　「国策エアガール」たちの座談会（『婦人倶楽部』1940年10月号．本文引用と別の記事）

談による機窓案内だった。最初期のエアガールよりも多様な業務を担った大日本航空の国策エアガールだが、やはりその仕事の中心には変わらず機窓案内があったようだ。

先の座談会の記事では機窓案内に関する逸話が多々語られ、紙幅も充てられている。たとえば飛行位置がわからず説明に窮して困ってしまったことや、乗客の将校や老紳士から詳しい地理や歴史を逆に教えてもらったことなどが述べられている。そして最も長い距離を飛ぶ福岡・上海線のエアガールは「仕事がない」と愚痴をこぼし、その理由を次のように述べる。

ほとんど海の上ばかり飛ぶので上海コースはなんにも仕事がありません。景色は矢張り日本が一番だと思いますわ。東京福岡間は方々に綺麗なところがあって説明し甲斐がありますけど、上海コースは九州を出てからちょっとの間、島が見えるだけで、あとは全然海ば

かり、そして水が汚いですわ。　　　　（東京朝日同月二八日）

機窓案内と日本の風景の「美しさ」を結び付け、国土の審美的価値から国家としての日本の優越を誇らしげに語るエアガールの姿は、この記事の他にも当時の新聞や雑誌に散見できる。これは相羽が生んだ初代と二代目のエアガールには見られない国策エアガールならではの特徴であり、新たな「業務(service)」だった。

嘔吐袋の時代

もう一つ、かつての民間エアガールにはなかった重要な「業務」が、大日本航空の国策エアガールには期待された。それは飛行機に酔ってしまった乗客の介抱であり、とくに嘔吐袋の提供とその始末である。これは長距離航路を拡充した大日本航空に特有の客室業務であり、そしてエアガール自身も体調や天候により、ときに激しく酔ってしまうこともあったという。

先述の座談会でも、エアガールの一人が「まさか吐くとは思いませんでした。お客様の方では御用があるらしくてしきりにベルを押されましたので、行きましたが気持が悪いので、何を言っているのかちっとも判りませんものですから、ちょっと待って下さいと言ってトイレットに入って……」と自身の体験を生々しく語っている（東京朝日同月二六日）。

当時の旅客機、とくに長距離便の客室では、嘔吐袋を使用する乗客が少なくなかったようだ。それは日本に限ったことではなく、スチュワーデスの始祖とされるアメリカの「オリジナル・エイト」も嘔吐袋は必携とし、その使用法と処理の仕方について事細かな指示を書き残している（Omelia & Waldock, 2006）。それほど当時の飛行機は、過酷な乗り物だったのだろう。

たしかに飛行機の技術は日進月歩で進化を遂げていたが、それでもプロペラ機の客室には会話できないほどの大きな轟音が鳴り響いていた。そして暖房の設備をもたない機材では、飛行中の室温がマイナスになることも珍しくなかったという。さらには機内の気圧を保つ与圧装置が未発達だったため、約四五〇〇メートルの高度を飛行する客室内では、富士山の山頂よりも空気が薄い状態が続くことになる。小さな客室に押し込まれ、騒音、寒さ、酸素不足に何時間も耐え続けることから、なかには飛行中に気絶したり、数日も続く耳鳴りに悩まされたりする乗客もいたという。

とくに飛行訓練を受けていない一般の乗客ばかりを乗せる民間の旅客機は、低い高度を保つために雲の下を飛ぶことになる。それゆえ雨や風の強い日にはその影響をまともに受けて、機体はひどく揺れることが多かった。しかも当時の飛行機は乗員と乗客を合わせて一〇人ほど、大型機でもせいぜい二〇人ほどの小さな機体だったため、悪天候に遭遇すると飛行機に乗り慣れたエアガールでさえ嘔吐袋を必要とするほど、大きな揺れが続いたという。

このような客室の体験は、日本に固有のものではなかった。むしろアメリカでは一四か所の経由地を結び、合計三二時間で北米大陸を横断できる航路も開設されていたことから、同国のスチュワーデスには看護師の資格が必要だった理由が、ここにあった。

それでも日本のエアガールには、看護師の資格は求められなかった。もちろんアメリカのスチュワーデスを調査し参照していたが、大日本航空の国策エアガールに求められたのは「空飛ぶ看護師」ではなく「昭和の天女」としてのイメージであり、当人たちもそれに応えるべく、機窓案内を主な「業務」として戦時下の空を飛び続けた。

消えた日米の客室乗務員

一九四一(昭和一六)年九月二〇日、大日本航空はエアガールを廃止した。日中戦争と外交関係の悪化から航空燃料や機材が枯渇し、エアガール一人分の座席さえ確保できない状況に至ったためだった。そうして日本の空から「昭和の天女」は姿を消し、機窓案内も消滅した。

同じころアメリカでは一〇〇〇人を超えるスチュワーデスが空を飛んでいたが、二か月後の真珠湾攻撃を境に、その多くが旅客機を続々と降りていったという。それは戦火から避難するためではなく、その反対に軍用機の機内で応急処置を施す従軍看護師に転身するため、こぞって兵役に志願して前線へ向かったのだという。

思わぬ事態から看護師の資格を有する女性の確保が困難になったアメリカの航空各社は、初めてスチュワーデスの応募条件から看護師資格を除外することにした。あとには身長や体重などの身体規定と、二五歳以下の未婚で「容姿端麗」な女性という条件が残り、これが第二次世界大戦の後にもしばらく残存し続けた結果、「空飛ぶ看護師」とは異なる新たなイメージのスチュワーデスたちが戦後のアメリカに現れることになった。そうした潮流が日本へ到達するまで、時間はかからなかった。

2 章

1952–66 年

雲の上の「責務《duty》」

着物姿の「客室兵」

「責務」への決心を語る客室乗務員
(読売 1966 年 3 月 8 日)

1　敗戦国のスチュワーデス

飛べない空

一九四五(昭和二〇)年の夏から六年あまり、日本の航空機は自国の空を飛行できなかった。太平洋戦争の終結を告げた昭和天皇の「玉音放送」から九日後、または降伏文書の正式調印よりも九日前にあたる同年の八月二四日、連合国軍は日本政府に対し、日本上空の飛行行動を禁止する命令を通達した。国際法の観点から有効か否か不明だが、日本政府はこれに従った。まもなく日本を占領統治する連合国軍最高司令官総司令部(GHQ)が設置されると、軍事目的だけでなく民間の航空事業も含むすべての飛行が無期限の禁止とされ、航空技術の開発や大学での関連研究まで禁じられた(日本航空協会編、一九六六)。

その結果、前章でみた大日本航空は同年一〇月に解散し、同社が保有した数十機の飛行機は、国内に残存していた軍用機とともに解体または焼却された。そして日本国内に一八〇か所あまり点在していた飛行場はGHQに接収され、あるいは農地に転用された。たとえば福間良明たちの研究『「知覧」の誕生』(二〇一五)によれば、日本陸軍最大の特攻基地だった知覧《ちらん》飛行場(鹿児島県)も翌年には茶畑として「復員」し、戦争の記憶は地中に「埋立て」られた。

こうした状況に変化の兆しがみえたのは五年後の一九五〇(昭和二五)年六月二六日であり、それは朝鮮戦争が勃発した翌日だった。このときGHQは、日本国内の航空事業を一社に限って許可する、という覚書を日本政府に提示した。ただし日本の航空会社ではなく、既に日本へ就航している外国籍の航空会社による民間事業に限定する、という条件付きだった。これに日本政府は反発し、半年あまり交渉を重ねた結果、日本資本の航空会社が営業部門を担当し、実際の飛行機の運航や整備などは外国籍の航空会社に委託する、という折衷案を取り付けた。じつに変則的だが、しかし敗戦後の日本の空を取り戻すための道筋がみえてきた。

日本航空の設立

明けて一九五一(昭和二六)年一月、民間航空の禁止を解除するGHQの方針が正式に示されると、航空事業への参入を目指して五つのグループが名乗りを上げた。日本政府は同年四月に公聴会を開き、申請した各社の事業計画を検討したところ、五社を合同して一社にまとめる案を策定し、その中核に藤山愛一郎が代表者の「日本航空」案を据える方針を示した。

日本航空の設立を提案し、初代会長に就任した藤山は、父親の藤山雷太から継承した大日本製糖の社長を主業とする一方、日本商工会議所の会頭をはじめとする数十の経済団体の要職を兼任する財界の著名人であり、そして戦前の大日本航空で理事を務めた航空関係者だった。終戦直後にはGHQによる公職追放の措置を受けたが、一九五〇年に解除されて財界の表舞台に復帰すると、旧・大日本航空の人脈を活かしつつ日本政府とも協同して、戦後日本の新たな民間航空を立ち上げることに奔走した。

このとき藤山会長は、日本航空の初代社長に日本銀行の副総裁を務めた柳田誠二郎を、ナンバー2の専務には航空庁(当時)の現職の長官だった松尾静磨《しずま》をそれぞれ迎え、新たな日本の航空会社を離陸させるチームを整えた。社長の柳田は航空事業とは無縁の、いわゆる国際金融の専門家だったが、専務の松尾は自他ともに認める戦後日本の航空界のエースだった。九州帝国大学工学部を卒業したエンジニア出身の松尾は、戦前の航空政策を司る逓信省に中途採用されると大阪飛行場(後の伊丹空港)の開設で才覚を発揮し、航空関連の要職を歴任した。戦後はGHQの航空活動を支援する逓信省の航空保安部で責任者を務めていたが、同部は省庁改組のために電気通信省の航空保安庁に昇格し、さらに運輸省の航空庁として再編された。松尾は中途採用の官僚としては異例の航空庁長官に就任し、航空行政の全般を統括する職責を果たした。

ここで視点を変えれば、松尾は航空事業に申請した五社を半ば強制的に一本化し、藤山愛一郎を会長とする日本航空を設立させた政府の高官でもあった。その彼が航空庁長官を辞し、ただちに日本航空の専務に就任することは「天下り」に他ならない。だが当時の新聞報道や後の航空史の文献で松尾を非難する声は不思議なほど見当たらず、むしろ彼の偉業を讃える記述ばかりが目に留まる。たとえば占領期の上級官僚だった彼は、将来の航空事業の再開を見越して、優秀な搭乗員や整備員などを政府で雇用して人材の散逸を防いだことや、航空行政をめぐってGHQとの粘り強い交渉に心血を注いだこと、そして日本航空へ転身した後の現場主義の姿勢や安全主義の徹底など、数々の逸話が伝えられている。後に松尾は日本航空の第二代社長に就任し、同社の飛躍的な発展を主導することになる。

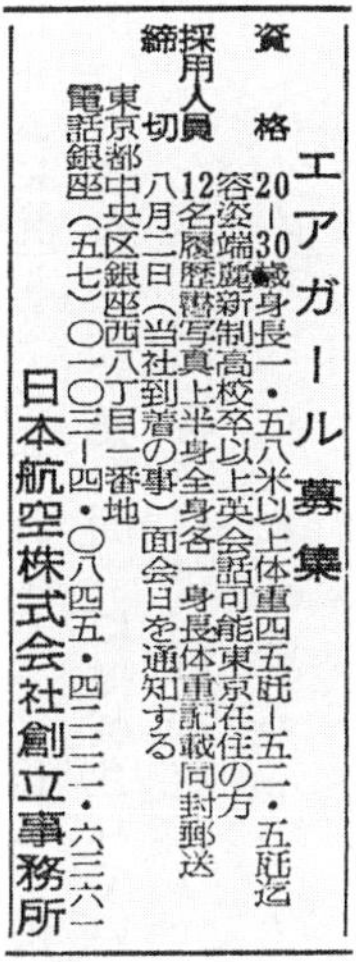
エアガール募集
資格 20—30歳身長一・五八米以上体重四五瓩—五二・五瓩迄
容姿端麗新制高校卒以上英会話可能東京在住の方
採用人員 12名履歴書写真上半身全身各一身長体重記載同封郵送
締切 八月二日（当社到着の事）面会日を通知する
東京都中央区銀座西八丁目一番地
電話銀座（五七）〇一〇三—四・〇八四五・四二三二・六三六一
日本航空株式会社創立事務所

2-1　戦後初のエアガール募集広告（読売 1951 年 7 月 22 日）

新生エアガール一期生

こうして一九五一年八月一日、営業部門のみの小さな会社ながら、戦後日本の航空事業を担う日本航空株式会社は正式に発足した。これより一〇日ほど前の七月二二日、小さな求人広告が同社の「創立事務所」の名義で『読売新聞』に掲載されていた（前頁2-1を参照）。

たった八行の広告文だが、日本航空は会社の正式発足よりも前から客室乗務員を募集していたことがわかる。ここに記された「エアガール」という名称は戦前の大日本航空から引き継いだものであり、「容姿端麗」にはじまる身長・体重・学歴の条件も戦前と同様だが、これに対して「英会話可能」という新たな条件が加えられている。敵国語として英語の使用が禁止されていた太平洋戦争から五年あまりの月日が流れていたものの、このころ「英会話可能」な「新制高校卒以上」の女性が、果たしてどれほど存在しただろうか。

だが当時の新聞報道によれば、戦後初のエアガール募集は約一三〇〇人の応募を数え、じつに一〇〇倍を超える倍率を記録したという。正式に発足したばかりの日本航空では、書類審査を通過した一六八人に対して柳田社長をはじめとする社員が総出で「英語、容姿、態度」の三要素で採点する面接をおこない、採用決定者を選出した（朝日一九五一年八月八日）。当初は一二人の募集だったが、最終的に一五人の女性が採用され、新生エアガール一期生が誕生した（読売同月二七日）。ちなみに同社は一般職員（本社、地方営業所など）一六二人と技術要員二〇―三〇人も募集したが、それぞれ一五〇〇人前後の応募者を数えたという（読売同月五日）。終戦直後で働き口が不足していた混乱期とはいえ、新しい航空事業への高い関心がうかがえる倍率といえるだろう。

こうして一九五一年に誕生した新生・日本航空のエアガール一期生一五人のうち、プロフィールが確認できる数人の経歴をみれば、その多くが新制高校どころか旧制の女子専門学校（戦後の大学や短期大学に相当）などを卒業した高学歴と、元陸軍中将や貿易会社社長などを親に持つ、いわゆる「良家の才媛」ばかりだったことがわかる。さらに注目すべきは応募条件の「英会話可能」を裏打ちする、採用決定者たちの職歴である。たとえばGHQの一部門である民間情報教育局（CIE）などに勤務し、英語を日常的に使用してアメリカ人の同僚たちと仕事をしてきた経験を持つ、いわゆる進駐軍関係者が多数を占めていた。こうした傾向は占領終了後もしばらく続き、たとえば一期生の誕生から三年後の新聞記事によれば、採用された客室乗務員の「ほとんどの前歴が駐留軍勤務」とある（読売一九五四年七月一一日）。

「身元確実」

一九五三（昭和二八）年の四期生の応募条件には、「身元確実」という語が加えられ、応募者本人だけでなく家族の職業や属性も審査の対象となることが明示された。

たとえば同年の応募者には、戦時中に「李香蘭《りこうらん》」の名で一世を風靡し、一九五一年にアメリカの彫刻家イサム・ノグチと結婚して注目を浴びた有名女優の山口淑子《よしこ》の実妹、山口誠子《せいこ》がいた（読売一九五三年八月四日）。かつて北京にあった聖心女学院で学び、北京語と英語に堪能な山口誠子は、前年の一九五二（昭和二七）年には「第二の山口淑子」という触れ込みで東宝から銀幕デビューする計画が報道されるなど、注目を集める人物だった（読売一九五二年四月二六日）。しかし芸能の仕事に限界を感じた同氏は、日本航空のエアガールを選んだという。このように最初期の客室乗務員には、目を見張るほどの高倍率と不条理なほどの採用条件を通過できる、稀な属性と経歴を持つ若者たちが応募し、選抜されていたようだ。

そのさきがけとなった戦後のエアガール一期生たちは、入社から一週間足らずで突然の初飛行を迎えることになった。先述したように一九五一年八月に正式発足した同社は、その月末に政府や出資団体などの関係者や報道陣を羽田飛行場に招き、新事業のお披露目と宣伝のために「招待飛行」をおこなった。その一番機にエアガール一期生たちが訓練を兼ねて搭乗した。一九四一（昭和一六）年の消滅から一〇年を経て、エアガールが日本の空に復活したことになる。

「借り物」だらけの研修

ただし戦後のエアガールは、戦前のエアガールとはまったく異なる「客室」の現実に直面した。たとえば占領下の日本航空は、自前の機材の所有も禁止されていたため、既に日本に就航していたフィリピン航空からダグラス社の旅客機DC－3を借り入れ、上述の「招待飛行」を実現した。借り物ながら日本航空は同機の機体に日の丸を塗装し、そして赤い二本線と社名を書き入れた。それでも塗り潰すのがためらわれたのか、尾翼のフィリピンの国旗は残されたままの、つまり二つの国旗が同居する奇妙な機体での初飛行だった（読売一九五一年八月二七日）。

このとき日本航空がフィリピン航空から借り受けたのは、飛行機だけではなかった。国際線への搭乗経験が豊かなベテランの客室乗務員を招聘し、日本航空のエアガール一期生に対し、客室業務の実技や心得を講習してもらったという。そして客室乗務員の養成のために日本航空が指導を請うた先は、フィリピン航空だけではなかった。

戦後のエアガール一期生たちは救護訓練のために東京慈恵会医科大学へ、給仕の基本を学ぶために帝国ホテルへ、そして機内アナウンスの練習のために日本放送協会（NHK）へ出向き、それぞれの専門家から実技の指導を受けた。協力先は年ごとに変わったものの、「借り物」による客室乗務員の社外研修は、日本航空が自社の研修制度を整える一九六〇年代まで続いた。

自前の研修制度や専任教員を拡充させるまで一〇年ちかくの年月が必要だったことは、それだけ初期の日本航空に客室乗務員を「育てる」という意識が希薄だったことがうかがえる。それは誕生間もない同社の余力の無さを示しているが、他方では長期間の訓練や厳しい指導が不必要なほど、客室乗務員の業務に求められる言葉遣いや礼儀作法を身に付けた優秀な採用者ばかりが集まっていた、という事情もあったようだ。こうして戦後初の客室乗務員たちは短い研修を経て、航空の現場へ配属された(読売一九五三年八月一三日)。

早々に初飛行を体験し、研修も一通り終えたエアガール一期生だったが、意外にも今度は「飛べない日々」が続くことになった。その原因は、日本航空と海外の航空会社との間で航空機材を貸借する条件が折り合わず、就航の延期が繰り返されたためだった。やっと一九五一年一〇月二五日、東京・大阪・福岡を結ぶ定期航路の開設に漕ぎ着けたものの、混乱と不測の事態が連発するトラブルだらけの職場からは、半数ちかい一期生たちが続々と退職していったという。残されたエアガールたちには、一人で何役も兼務しつつ、長い連続勤務にも堪えて、新しい空の仕事を切り拓いていくことが求められた。

三つの呼称の乱立

そうした現場の混乱と同様に、客室乗務員の呼称も混乱していた。上述の通り一期生の募集時には、エアガールという戦前から続く呼称が使われていた。だが八月の「招待飛行」を伝える報道にはエアホステスという語を用いる新聞もあり(読売同月二七日)、そして同年秋にはスチュワーデスと呼ぶ記事も現れた(読売同年一一月一七日)。

いわば最初期にはエアガール、エアホステス、そしてスチュワーデスの三つの呼称が混在し、なかには括弧に入れて併記する新聞記事もあった。それでも翌一九五二年の後半には女性の客室乗務員をスチュワーデスと記す新聞が多数になり、日本航空も一九五三年の募集広告からスチュワーデスという呼称を使用している。

これら客室乗務員をめぐる三つの呼称には、微妙なニュアンスの違いが含まれていた。そもそもエアガールは和製英語であり、日本に固有の呼称である。対してエアホステスは主にイギリスを中心とするヨーロッパで、スチュワーデスは主にアメリカで使われてきた呼称であり、それぞれの客室乗務員をめぐる考え方が反映されている。

たとえばホステスには、パーティや会合の女性主人という意味があり、その場を取り仕切って来客をもてなす責任者というイメージが想起される。これに対してスチュワーデスには、女性の給仕または世話係という意味があり、長距離を航行する海洋の船舶で食事などの世話をする司厨員から転用した言葉だけに、乗員や乗客の求めに応じて奉仕する労働者のイメージがあった。それゆえスチュワーデスは客室の主人ではなく、どちらかといえば中核的な業務の担当者を側面や後方から支援する役割を意味し、それは病院における医師と看護師の関係に近い。

日本航空が既に定着していたエアガールの呼称を捨て、ヨーロッパ式のエアホステスではなくアメリカ式のスチュワーデスを採用した背景には、どのような意図があったのだろうか。それは単なる偶然か、それとも右にみた両者のニュアンスの違いを理解した果ての、イメージの転換だろうか。これを判断するには、さらに当時の状況を慎重に検討する必要がある。なぜなら日本式のエアガールからアメリカ式のスチュワーデスへの転換は、客室乗務員の呼称に留まらない重要な転換点を示しているからである。

最初期の軍服調ユニフォーム

たとえば客室乗務員の制服も、初期には何度か様変わりした。先述した「招待飛行」で日本航空のエアガール一期生が着用した制服は、同社の柳田誠二郎社長の妻である柳田美代子が独自にデザインした、シルバーグレーを基調とするツーピースのロングスカートの制服だった。中丸美繪の『日本航空一期生』(二〇一五)によれば、洋画家として活躍してきた柳田美代子は、「アメリカ極東空軍の厚意で同軍の制服生地を日本航空むけに仕立てた制服」を考案したという。こうして戦後初の制服も、アメリカ空軍の「借り物」だったことになる。

ただし柳田の「エアガールの制服」は早くもお蔵入りとなり、動きやすさを重視して改良した「スチュワーデスの制服」が、洋装店「羊屋」によって製作された。同社は東京・銀座の老舗テーラーであり、戦前には大日本航空の制服を、戦後にはGHQに勤務するアメリカ空軍の制服を製作してきた。その社長の門田稔がデザインした新しい制服は「白い開きんシャツ、スカートはひざ下十センチまであった」三つボタンのスーツであり、門田によれば「私は米空軍のユニホームを作っていたのでその影響もあった。天井のぬけた帽子などそうだ」と、後に回想している(朝日一九八〇年一〇月二二日)。

たしかに門田が製作した「スチュワーデスの制服」をみると、長いスカートに胸章の付いたジャケットが特徴的であり、柳田美代子の「エアガールの制服」とは一線を画した、まるで女性兵士の礼服のような威厳あるデザインだった。それはヨーロッパのエアホステスよりもアメリカのスチュワーデスに近い、軍服調のユニフォームだった。

このように最初期の客室乗務員の制服にも、アメリカの影響が色濃く作用していた。これにアメリカ式のスチュワーデスという呼称の採用を重ね合わせると、日本航空の客室乗務員は戦前の日本式のエアガールではなく、またヨーロッパ式の女性主人を意味するエアホステスでもなく、明らかにアメリカ式のスチュワーデスのイメージへ接近していった様子がみえる。ただし戦後日本の客室乗務員は、アメリカのスチュワーデスをそのままコピーした存在でもなかった。そこで再び同時代のアメリカと比較して、戦後日本のスチュワーデスの特徴を理解したい。

2 パンナムと日航

「空飛ぶ看護師」から「訓練された客室兵」へ

前章でみたように、アメリカで誕生した世界初のスチュワーデスは、全員が看護師の有資格者だった。しかし一九四一年一二月の真珠湾攻撃を境にアメリカが太平洋戦争に参戦すると、従軍看護師として自ら兵役を志願するスチュワーデスが続出し、航空各社は看護師資格を有する女性人材を確保することが困難になったという。

そのため看護師資格を応募条件から除外する航空会社が増えていった結果、第二次世界大戦が終結したころにはおよそ二〇〇〇人の「非看護師スチュワーデス」がアメリカに現れた(Lyth, 2009)。とくに一九三四年にボーイング社から分離独立したユナイテッド航空では、大戦中に「非看護師スチュワーデス」が急増したため、同社社員のA・B・グリーンフィールドは一九四五年、約三〇〇人の同僚とともに世界初の客室乗務員組合を結成し、新世代のスチュワーデスたちをめぐる労働環境の改善を会社側へ訴えていった(Omelia & Waldock, 2006)。

ユナイテッド航空の経営陣と組合が協議した喫緊の課題の一つに、スチュワーデスの研修制度の改善があった。世界初のスチュワーデスを生み出した同社は、最初期から客室業務のマニュアルを作成し、既に大戦前には「ユナイテッド・スチュワーデス・センター(United Stewardess Center)」という独自の訓練施設も開設していた。だがこの「センター」では看護師の有資格者を対象とした訓練内容を、一か月に満たない短期間のうちに速習するメニューが提供されていた。そのままでは増え続ける「非看護師スチュワーデス」たちの訓練不足に対応できないため、「センター」での研修内容を抜本的に改編することが求められた。

このとき同社がモデルとしたのは、軍隊における新兵の育成制度だった。全米から集めた多様な背景と能力を持つ入隊者を訓練施設に隔離し、現場で必要な知識と技術を集中的に習得させ、何段階もの試験を課す。すべてのカリキュラムを修了した者には正式な軍服と階級章を与えて一人前の「訓練された兵士」として認定し、それぞれの戦場へ送り出すシステムである。

そうして同社は、増え続ける「非看護師スチュワーデス」たちを同社が誇る「センター」に集めて、厳しく訓練することとした。その修了者たちは厳かな卒業式に出席し、軍隊調の濃紺の制服と、やはり軍隊の階級章を模した同社の胸章を身につけた。「センター」での集中的な研修は、厳しく訓練された一人前のスチュワーデスの証しとなり、客室業務に対する職業意識の源になっていったという。

この軍隊式の研修制度も他の航空会社が追随し、さらに改良を加えて独自のメニューや施設を開発する競争が生じていった。その結果、一九五〇年代のアメリカの航空界には自前の充実したスチュワーデス研修制度を有すること、そこで軍隊式の厳しい訓練を見事に修めた「一人前の兵士」だけが客室に立てること、などを高らかに謳《うた》う航空会社が出現した。

こうして第二次世界大戦をきっかけとして、アメリカのスチュワーデスのイメージは「空飛ぶ看護師」から「訓練された客室兵」に転換していき、軍服風のユニフォームと胸章を身につけた乗務員たちには、よく訓練された機内サービスが期待された。

航空技術の革新

第二次世界大戦で大きく転換したのは、スチュワーデスのイメージだけではない。その職場である飛行機も様変わりし、そして航空界そのものも構造的な変化を経験していた。

そもそも大戦下に飛躍的な技術革新を遂げた戦闘機は数多く、たとえば日本の三菱重工業

「零戦（零式艦上戦闘機）」、アメリカのグラマンF6F「ヘルキャット」、同ノースアメリカンP−51「マスタング」などが航空史に記録されている。しかしここでは大型の航空機、とくに大量の物資や兵員を空輸する輸送機や、航空爆撃のために高高度で長距離を飛行する爆撃機に目を向けたい。なぜなら戦後の民間航空界を一変させたのは、小型の戦闘機よりも大型の輸送機や爆撃機のために開発された技術だったからである。

まず輸送機では、アメリカのダグラス社が一九三五年に初飛行させた旅客機DC−3がある。同機は高い信頼性を誇り、軍用機に改造された派生型を含めれば、じつに一万機あまりの同型機が製造されたという。その後継DC−4は一九四二年に初飛行し、四四年にアメリカ大統領ルーズベルトの専用機となり、戦後には日本航空の草創期を支える主力機として活躍した。

つぎに爆撃機では、一九四四年から対日戦に投入された全長約三〇メートル、翼幅約四三メートルの巨体を持つ爆撃機B29がある。ボーイング社が製造した同機の名は、日本本土の空襲、そして二度の原子爆弾の投下に使われたことで記憶されているが、それは当時の先端技術が多数搭載された最新鋭の巨大航空機でもあった。そのB29の特筆すべき特徴は、飛行中の機内の気圧を一定に調整できる高性能の「与圧装置」と、同じく機内の室温を一定に保つことができる「空調装置」の全面採用だった。その結果、動きにくい酸素マスクと防寒具から解放された同機の搭乗員たちは、数時間におよぶ長距離飛行と爆撃任務に集中することができたという。

これらが戦後の旅客機、とくに客室に与えた影響は計り知れず、たとえばB29は戦後まもなくB377「ストラトクルーザー」という旅客機に転生した。同機は珍しい二階建の機体を持ち、上階には大きな座席がゆったり配置され、横になって眠れるベッド室や洗面室や乗員の休憩室もあり、螺旋階段で結ばれた一階にはソファが置かれた豪華なラウンジまであったという。機内空間の充実ぶりから「空飛ぶホテル」の異名を与えられた同機は、第二次世界大戦後の航空界を代表する旅客機として、その名を世界中に轟かせた。

パンナムとJ・トリップ

その「空飛ぶホテル」に設計から深く関わり、初号機を発注して最初に実用飛行させる「ローンチ・カスタマー」を務め、製造された同型機の半数ちかくをたった一社で保有した、別格の航空会社がアメリカに存在した。パン・アメリカン航空、略して「パンナム」である。

同社はアメリカ南部のフロリダとカリブ海のキューバを結ぶ航空会社として、一九二七年にJ・トリップが開業した。東海岸の裕福な事業家の家庭に生まれたトリップは名門のイェール大学を卒業すると、未開拓の航空事業に乗り出した。量産型の航空機を嫌い、独自仕様の豪華な航空機をメーカーに新造させるなど、トリップは同業他社の真似を許さない事業モデルを追求し、パンナムのブランドを作り上げていった。

たとえばトリップは、ニューヨークとパリの間の無着陸飛行を成功させ、一躍時の人となったばかりのチャールズ・リンドバーグを、同社の技術顧問として招いた。そして妻のアン・リンドバーグとともにパンナム自慢の最新機に搭乗させ、世界各地への「調査飛行」に送り出すなど、さまざまな広報活動を展開した。リンドバーグ夫妻は一九三一（昭和六）年八月、パンナム機を操縦して日本に来訪し、行く先々で熱烈な歓迎を受けている。

こうした独創的な経営方針と広報活動で知られたトリップ率いるパンナムの逸話はじつに数多く、同社はアメリカに留まらず、世界の空をリードする特別な存在だったといえる。

それゆえパンナムはスチュワーデスたちにも卓越したイメージを体現し、パンナムの伝説をともに作り上げることを期待した。同社が最初のスチュワーデスを雇ったのは意外にも遅く、大戦中の一九四四年だった。加えて同社は、ユナイテッド航空のような専用の研修制度も訓練施設も持っていなかったため、客室でのサービスは乗務員ごとの個人裁量に任される部分が大きかったという。たとえば同社が誇る「空飛ぶホテル」のスチュワーデスたちは、乗客が眠るベッドまで朝食を運んで起こしたり、揺れる機体に怯える乗客がいれば隣席に座って話し相手になったり、ラウンジで独自レシピのカクテルを作って一緒に飲んだりしたという。同時代の他社が競って求めた「訓練された客室兵」よりも非効率的で、乗務員ごとに異なる不揃いの機内サービスが提供されていたが、それが結果としてパンナムのスチュワーデスをめぐる数々の伝説を生み出し、同社のブランドをさらに向上させることにもつながった(Yano, 2013)。

そのパンナムは、一九四七(昭和二二)年九月二八日にアメリカと日本を結ぶ定期便を就航し、米軍が接収していた羽田飛行場にアジア航路の拠点を置くようになった。そして四年後に日本航空が誕生したとき、同社が運航業務を委託する有力候補の一つがパンナムだった。

もく星号事件の教訓

先述したようにGHQは日本航空の設立を認めた一方で、日本人による航空機の所有や運航は認めず、それらを日本に就航している外国籍の航空会社に委託するよう命じた。紆余曲折を経て日本航空は、有力視されていたパンナムではなく同じアメリカの会社ながらより安価な条件を提示したノースウェスト航空から乗員と飛行機を借り受けた。そうして日本航空は一九五一年一〇月二五日、やっと東京・大阪・福岡を結ぶ定期便一番機を離陸させた。

このときのノースウェスト航空との契約期間は一年間だったため、日の丸と日本航空のマークが塗装されたノースウェスト航空の航空機をアメリカ人乗員が操縦する、という状況が占領終了後の一九五二年一〇月まで続くこととなった。

そうしたアメリカ優位の国際契約が問題となる悲劇が、この間に生じてしまった。一九五二年四月九日、東京から大阪へ飛行していた日本航空の旅客機・もく星号が、伊豆大島の三原山に衝突し、乗客と乗員の三七人が全員死亡した。同月の二八日には占領統治が終了するはずだったが、その直前に発生したもく星号事故ではＧＨＱが日本側に事故を調査する権限を与えず、原因も特定されないまま調査の終了が一方的に宣言され、事故の真相は闇に葬られてしまった。

墜落したもく星号はノースウェスト航空の乗員が操縦し、整備も同社が担当した機材であったため、日本航空には直接の責任がないともいえるが、会長の藤山愛一郎と社長の柳田誠二郎は事故の遺族を一軒ずつ訪問し、謝罪と弔意を伝える日々を送ったという。この事故をきっかけに、日本航空は自前の航空機による自主運航を一日も早く実現することに努めた。同年一〇月二五日、ノースウェスト航空との契約を満了した日本航空は、東京・札幌便と東京・大阪・福岡便の二路線を皮切りに、悲願の自主運航を実現した。

「国有化」される日航

このころ日本航空は、日本政府からも別の難題を課されていた。それはパンナムをはじめとする国外の強力なライバルに追いつき、空の国際競争を勝ち抜くため、民間の株式会社として誕生した日本航空に公的資金を注入して資本金を二倍に増強し、いわゆる「半官半民の航空会社」として同社を生まれ変わらせる方針転換だった。さらに資本金の倍増に留まらず、新型航空機の購入に必要な補助金を政府が交付すること、また同社が発行する社債に政府が保証を付けて保護すること、などを骨子とする法案の準備が進められた。

もちろん金を出す以上、事業計画や人事などに政府が介入してくることは明白だった。元官僚や政府関係者の「天下り」によって日本の民間航空事業が操縦されることを警戒した会長の藤山愛一郎は、政府の出資は受けつつも現場への介入を避ける途を模索した。

だがこれが災いし、政府はコントロールが利かない藤山に対し、会長職の退任を求めてきた。年が明けて一九五三年には日本航空の特殊法人化を根拠づける「日本航空株式会社法(日航法)」が国会で決議され、同年八月に施行された。あとは日本航空が臨時の株主総会を開き、形式的に会社の解散を決議し、特殊法人「日本航空」へ合流する手続きを終えるばかりだった。

それでも藤山は孤軍奮闘を続け、事実上の「航空事業の国有化」を回避するための抵抗を試みた。そこには自身も深く関与した戦前の国策会社・大日本航空に対する反省と、戦後に民間事業として再起した日本航空への希望が入り混じった、藤山に独自の思いがあったと考えられる。しかし大きな流れに逆らえないことを悟った藤山は断念し、政府が推薦する室町物産(後の三井物産の一部)相談役の原邦造へ新会社の会長職を譲った。

　そうして同年の一〇月一日に特殊法人として再出発した日本航空は、翌年に控えた国際航路への進出に向け、客室乗務員たちに新たなサービスを求めていった。その詳細を次にみたい。

3　「菊の御紋」の機内サービス

採算度外視の国際線

　一九五四(昭和二九)年二月二日午後九時三〇分、日本航空のシティ・オブ・トーキョー号は、原邦造会長ほか同社の幹部、そして石井光次郎《みつじろう》・運輸大臣や塚田十一郎・郵政大臣(当時)など政府要人が見守るなか、二一人の乗客とともに羽田空港を離陸し、最終目的地のサンフランシスコへ向けて飛び立った。これは念願だった国際定期便の一番機が、ついに出発した瞬間だった。

　その四か月前に半官半民の特殊法人として再出発した日本航空にとって、国際定期便の就航は特別な意味を持っていた。それは一企業の事業の拡大に留まらず、戦後日本の国際社会への復帰を象徴する出来事であり、採算を度外視した国家事業だった。

たとえば一番機の場合、乗客二一人のうち一六人は無料の招待客であり、運賃を支払った有料客は五人に過ぎなかった。さらに四日後に飛ぶ二番機を予約した有料客は一人だけで、その後もしばらく採算ラインをはるかに下回るフライトが続いたという(朝日一九五四年二月三日)。

そうした不振の理由に、高額な運賃があった。当時の正規運賃は東京・ホノルル間で五一五・五ドル(一八万五五四三六円)、東京・サンフランシスコ間では六五〇ドル(二三万四〇〇〇円)であり、これは同じ路線を飛ぶパンナムと同額だった(朝日一九五三年一一月一三日)。新規参入したアジアの航空会社としては強気の価格設定だが、アメリカ政府に対する「配慮」から日本の運輸省が認可した金額だったという。まもなく海外移住する日本人を対象に三割引の「移民割引運賃」四五〇ドル(一六万二〇〇〇円)などの割引運賃を新設したが(読売一九五四年二月一七日)、それでも国家公務員の大卒初任給(八七〇〇円)の一九か月分の金額だった。

加えて日本人の海外渡航の実質的な禁止も影響していた。一九五二年に再独立した日本政府は、貴重な外貨が国外に流出することを避けるため、外交や通商などの公的な目的に限って海外渡航の申請を受け付け、数か月間の審査を経て旅券を発給する制度を採った。この渡航規制は東京オリンピックが開催される一九六四（昭和三九）年まで継続されたため、一般の日本人が自由に海外旅行へ出かけることは、終戦から一九年間も不可能に近かった。

こうして当時の日本航空は、希少な日本の出国者を主な市場としつつ、国外ではほとんど無名の状態で外国人の訪日客を相手に、パンナムの正規運賃と同じ高額な座席を販売せねばならなかった。同社は一年後の一九五四年度末の決算で約七億円の赤字を計上し、累積赤字は「一五億四〇〇〇万円と当時の資本金（三三億円）の五〇％近くに及んだ」という（日本航空協会編、二〇一〇）。そのため日本航空はさらなる資本金の増資を政府から受けて事実上の「航空事業の国有化」を推し進めつつ、国家事業としての国際線の維持に努めた。

2-2　国際線への就航と客室乗務員
（読売 1953 年 3 月 11 日）

いびつな人件費

このころの日本航空の苦境には、大赤字の国際線と並ぶ、もう一つの原因があった。それは人件費のいびつな構造であり、まるで航空界だけ占領期が続いているかのような状況が問題を深刻化させていた。たとえば一九五四年の新聞報道によれば、同年の日本航空の人件費は年間約三億円であるものの、「うち二億円は月給一千ドルのほか本国なみの宿泊手当などをもらう十六人のアメリカ人パイロットに支払われる。残る一億円が会長以下六百人に上る日本人従業員分となっている」という(朝日同年二月三日)。

先述したように、航空庁の長官から日本航空の専務に転身した松尾静磨は、戦前や戦中に活躍した日本人パイロットたちを自らの部下に迎え、優秀な航空人材の散逸を防いだとされる。しかし飛躍的に進歩した戦後の大型航空機を操縦する技術と、国際航路における最新の航行ルールを習得するには、かつての「飛行機乗り」たちでも相応の時間が必要だった。旅客機を安全に運航できる日本人機長が現れるには国内線で一九五四年一一月、国際線では翌五五(昭和三〇)年末まで待たねばならなかった。

先に引用した『朝日新聞』の一九五四年二月三日の記事には、こうした窮状を打開する策として、日本航空の幹部による次のコメントが記されている。

安い人件費によるコスト切下げと、日本人スチュワデス《〔ママ〕》ならではできぬ《〔ママ〕》〝キメのこまかい〟機上サービス。「戦前の日本の船会社が好評だったツボが今後の日航にもあてはまりますよ」

賃金の安い日本人パイロットの育成に時間を必要とした日本航空では、客室における「キメのこまかい」サービスに活路を見出し、その実現を客室乗務員に期待していった。その同社の国際線では、どのようなサービスが提供されていたのだろうか。

国際線の客室乗務員

まず初の国際航路である東京・サンフランシスコ線には、女性のスチュワーデス二人と男性のパーサー(事務長)一人の計三人が一組で搭乗し、三八の座席が設置された客室でのサービスにあたった。乗務員一人が担当する乗客の数はおよそ一三人であり、かなり手厚い人員配置といえる。ただし当時のパーサーには、戦前の元パイロットが多く含まれていた。いずれ機長として航空機を操縦する日を見越して、最新の航空機に慣れること、またアメリカ人パイロットの操縦技術を実地で学ぶことが、彼らのもう一つの任務だった。

しかしパイロット出身のパーサーばかりでは、新しい国際線に求められる客室業務に不安があるため、日本航空は東海汽船から転職してきた船舶のスチュワード七人を中心とする計一一人の男性パーサーを一九五三年八月に採用し、国際線の客室責任者とした。彼らは日本の男性客室乗務員の先駆けである。これに対して女性の客室乗務員、すなわちスチュワーデスは、国内線に乗務する約三〇人から選抜して国際線へ異動させるはずが、結果として新たに募集することになった。国際線では、国内線とはおよそ異なる勤務の形態が求められたためだった。

たとえば国際線ではひとたび勤務に就くと、数日から一週間ほど帰宅できない。羽田を出発した飛行機は、太平洋に浮かぶウェーキ島で給油してからワイキキを経由し、サンフランシスコへ向かう。羽田からは合計で三〇時間を超えるフライトとなり、毎日運航していないためにワイキキやサンフランシスコで数日間の待機が必要になる。こうした長期勤務に加え、時差や海外待機による疲労は計り知れず、国内線とは比較できないほど不規則な勤務を恒常的に強いられるため、最初期の客室乗務員から国際線の勤務形態に耐えうる人材を十分に確保することは難しかった。そのため日本航空は、国際線への乗務を明示してスチュワーデス四期生を募集し、上述した男性パーサーと同じ一九五三年八月に二一人の女性たちを採用した。

国際線の就航を半年後に控え、パーサー一一人とスチュワーデス二一人は約二か月の特別研修を受けた。訓練の期間は延びたが、その内容は「外務、大蔵各省のイカメシイ課長連を先生にしたり、[東京駅の]ステーション・ホテルで簡単な調理法、給仕の仕方、あるいは東京病院で看護法の講義もうけるなど」、既存の研修と大差なかったようだ(読売一九五三年八月一三日)。研修を終えた新人の客室乗務員たちは、先輩の乗務員とともに国内線に搭乗し、客室業務の実地訓練を積んだ。その見習い期間を紹介した『読売新聞』の一九五三年三月一八日の記事によれば、「お客さまのお食事やお茶のサービス、座席の管理、お荷物の整理、お話し相手、お子さまや酔ってご気分の悪い方のお世話、機内の温度の調節、行程のご案内など」を担当したという。

ここで戦前のエアガールと比べると、戦後の客室乗務員には戦前から継承した業務と廃止した業務があることに気づく。まず継承した業務のうち細心の注意を要したのは、客室内の重量バランスだったという。客室乗務員の業務内容を紹介した雑誌『丸』の一九五三年一一月号の記事によれば、出発直前に「その日の旅客の人数によって、ウェイティング・バランスがとれるよう、旅客の配置に注意しなければならない」ことが、「大事な仕事」だったという。

航空機は、空中に浮くものである。前部が重すぎても、後部に荷がかって《［ママ］》も、バランスがとれなくなる。旅客が、地上を走るバスか列車に乗るような気持になって、ドカドカと、気ままに好き勝手な場所に乗り込んでしまうと、重量がその方にばかりかたよって、安全でなくなる。人数によって、どの席とどの席に腰かけてもらうか、素速やく胸の中で計算しておかなくてはならない。そして旅客を迎え入れるのである。

この重量バランスの管理は、離陸前だけでなく飛行中にも注意が必要だった。たとえば機窓から富士山など名所が見えたとき、乗客が立ち上がって一方の窓に集まることもあり、「その都度パイロットからピーっと注意のベルがなった」という。飛行機が大型化して乗客が増えた戦後の客室では危険が増したため、まもなく「景色の案内も差し控えるようにしました」と、戦後のエアガール一期生の小野悠子は回想している(日本航空協会編、二〇一〇)。

こうした安全上の理由から、飛行中に見える眼下の景色を説明する機窓案内の業務は再検討された。さらに太平洋を飛ぶ国際線の機窓からは延々と海しか見えないため、戦前のエアガールの主な任務だった機窓案内は国際線で廃止され、やがて国内線でも省略されていった。

世界の日本人スチュワーデスたち

すると合計で三〇時間を超える長い国際線のフライトで、日本航空の客室乗務員たちは、どのような機内サービスを求められたのだろうか。先に引用した日本航空の幹部は、日本人スチュワーデスならではの「キメのこまやかさ」を期待したが、既に太平洋航路を飛ぶライバルの航空会社の多くが、日本人のスチュワーデスを採用して搭乗させていた。

たとえば現在のタイ国際航空の前身であるパシフィック・オーバーシーズ航空（ＰＯＡＳ）は早くも一九五一年の秋から五人の日本人女性を客室乗務員として採用し（斎藤、一九五一）、翌五二年の五月にはノースウェスト航空が日本人スチュワーデスを東京・釜山線に搭乗させている。さらに日本航空が国際線に進出した翌年にはＫＬＭオランダ航空、エール・フランス、エア・インディアなども日本人女性を雇用した（読売一九五五年七月二六日）。

そして日本航空がその後ろ姿を追い続けていたパンナムも、太平洋航路だけで約二〇人の日系アメリカ人のスチュワーデスを擁していた（Yano, 2013）。当時のアメリカでは戦前の「排日移民法」の名残りから、日本国籍者を直接に雇用することは不可能だった。そこでパンナムは日本語が堪能な日系二世の女性を西海岸やハワイで募集し、新設したばかりのスチュワーデス・スクールで訓練して、同社が誇る豪華な最新鋭の旅客機に搭乗させた。

「着物サービス」の始動

限られた資源と膨大な赤字に苦しみながらも国際線に就航した日本航空には、さまざまな国際競争の向かい風が吹き付けていた。自前の研修制度を確立できていない同社は、アメリカのライバルたちのように「訓練された客室兵」による機内サービスを宣伝することはできず、しかもパイロットはアメリカ人ばかりで、同じ路線にはパンナムが「はるか上空」を飛んでいた。

そこに活路を切り拓いたのは、日本航空社長・柳田誠二郎の妻である柳田美代子が提案した、あるアイデアだった。先述のように洋画家として活躍し、客室乗務員の最初の制服をデザインした彼女は、国際線の就航を一か月後に控えた一九五四年一月に「スーツ・キモノ」と「キモノ・スーツ」という二種類の「国際線の制服」を発表した。まず「スーツ・キモノ」は着物を簡略化したような帯付きの振袖であり、「キモノ・スーツ」はロングスカートとジャケットで構成された、やはり着物風のツーピースの制服だった。「いずれも木綿地一反足らずで、スカートをはいたまま着られるというのがねらい」であり、客室乗務員が飛行中に着替えて機内サービスをおこなうことで、「日本趣味豊かなフンイキで包もうという」アイデアから生まれた制服だったという(読売一九五四年一月一三日)。

柳田美代子がデザインした着物風の新しい制服は試作品まで用意されたが、最初の制服と同じく実用性の乏しさからお蔵入りとなった。それでも長時間のフライトで客室乗務員が「着物風の制服」に着替えて「日本趣味」の機内サービスを提供するというアイデアは、別のかたちで実現されることになった。

このとき日本航空が国際線の客室乗務員に業務として課したのは、「着物風の制服」ではなく「本物の着物」に着替えることだった。客室乗務員たちは離陸の直後に飲食の提供を準備しつつ、狭いトイレで軍服調の制服を脱ぎ、独りで着物を着付けることを要求された。これは国内線のスチュワーデスにはない、もちろん戦前のエアガールにもない、新たな業務だった。

話の港
▽▽…こんなニュー・ファッションのキモノはいかが…。写真の左は「スーツ・キモノ」中は「キモノ・スーツ」と名付けられている。日航柳田社長の夫人で女流画家の柳田美代子さん考案になるもの。
▽▽…着ているお嬢さん方は"大空の乙女"スチュワーデスで、いよいよ二月から開航されるサンフランシスコ空路をゆく日航機をフンワリ日本趣味豊かなフンイキで包もうというもの。
▽▽…いずれも木綿地一反足らずで、スカートをはいたまま着られるというのがねらい。十三日昼日航本社での"キモノ試験飛行"の結果は上々。

2-3　柳田美代子・日航社長夫人デザインの「スーツ・キモノ」と「キモノ・スーツ」（読売 1954 年 1 月 13 日）

飛行中の揺れる機内で、本物の着物を着たまま乗客の世話をすることは難しく、しかも狭いトイレで和装の着付けを独りで短時間に終えることは曲芸にちかい。それでも当時の客室乗務員には着付けの心得があり、着物を着慣れた人が多数いたため、この「着物サービス」は日本航空の国際線を象徴する新しい業務として定着した。さらに同社は「オシボリ、幕の内弁当、スシ、せん茶などもっぱら日本調のサービス」を次々と開発して「着物サービス」に付加し、その国際線の独自性を演出することに尽力していった（朝日一九五八年三月二四日）。

こうした「着物サービス」をはじめとする日本航空の「日本調のサービス」は予想以上の好評を博したため、海外のエアライン各社も日本発着の路線で「着物サービス」を追随しはじめた。たとえばイギリスの英国海外航空（BOAC、後の英国航空）は、日本人の客室乗務員に自前の着物を着用した客室業務を求め、スカンジナビア航空などでも「着物サービス」が試みられた。しかし日本人の客室乗務員が搭乗する便は未だ少なく、またスカンジナビア航空は「チリメン地のツーピースに、とりはずしの簡単なチョウ結びの帯」を付けただけの簡易な「着物風」の制服を採用するなど、そのサービスの質は必ずしも高くはなかった（読売同年八月八日および一六日）。それだけに国際線の全便で日本人女性の客室乗務員による「着物サービス」が確実に提供され、日本料理の機内食や団扇など搭乗の記念品も用意された日本航空の独自性は際立っていた。

「菊の御紋」のサービス

「着物サービス」に手応えを得た日本航空は、国際線に搭乗する客室乗務員に一人当たり六万円（現在の一二〇万円ほどに相当）を支給し、本来の制服とは別に機内で着用する着物一式を買い与えた。当初は会社が選んだ柄で全員の着物が統一されたが、一九五八（昭和三三）年からは研修期間の終盤に全員で東京・上野の松坂屋を訪れ、それぞれ好みの図柄の反物を選んで独自の和服を新調した（朝日同年三月二四日）。ただし一点のみ規則があった。すべての着物には、天皇家に由来する日本の国花である菊をあしらった意匠が求められた。

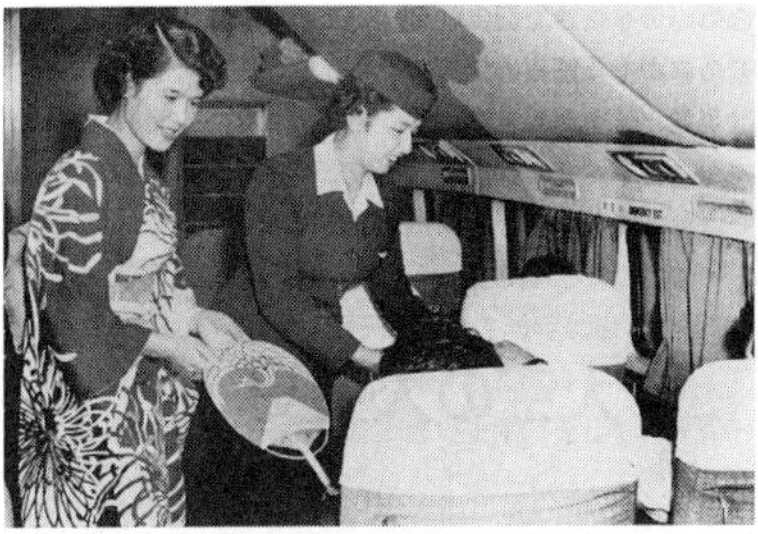
2–4　菊の模様の着物姿で記念品を配る小野悠子氏（1期生）（日本航空協会編『日本の航空 100 年』）

こうして文字通り日本の「菊の御紋」を身にまとった着物姿の客室乗務員が、「キメのこまかい」客室でのサービスを提供することが、新しく国際市場に参入した日本航空の切り札となっていった。アメリカの航空会社をはじめとするライバルには充実した訓練施設があり、軍隊式の「訓練された客室兵」を組織的に養成する研修制度があった。それらを持たない日本航空は、欧米のアジアに対する偏見を内包したオリエンタリズムのまなざしを自ら身にまとうこと、いいかえればセルフオリエンタリズムの「着物サービス」をあえて主体的に実演することによって、国際線の後発組としての活路を見出していった。

それは世界の航空界における日本航空の位置だけでなく、日本が当時の国際社会で置かれていた立場も表しているように考えられる。そして外国の「訓練された客室兵」に対抗すべく「着物姿の客室兵」となった日本のスチュワーデスは、その象徴的な存在だった。

4 「客室兵」たちの「責務」

日本ヘリコプター輸送の出現

上述したように一九五二年四月に占領期を脱した日本政府は、同年の夏に航空法を制定し、国際線を担う日本航空とは別に、国内線に限定して日本の航空網を拡充する民間航空会社の免許申請を受け付けた。そこに戦前からの航空関係者を含む一六社からの申請が殺到したため、政府は国際線と同様に交通整理を試み、民間資本による航空会社の新設を差配した。

このとき政府は、日本航空と競合しない国内ローカル線のうち、大阪より東を「日本ヘリコプター輸送」が、大阪より西を「極東航空」がそれぞれ担当することを条件に、この二社に国内の定期便を運航する免許を与えた。そして残りの民間各社には遊覧飛行や農薬散布や航空写真測量など、不定期の航空事業をおこなう免許を出した。こうして先発した日本航空が国際線と国内の主要幹線を担う一方で、国内を東西の二ブロックに分割し、それぞれの国内定期便を後発する二つの民間会社に割り当てる、という政府方針が実行された。これは誕生間もない日本の航空事業を保護して育成する良策にも思えたが、実際には政府の計画通りにはいかなかったようだ。運賃が高額で、便数も積載量も限られた国内航空便への需要は極めて低く、ただちに東西二つの民間航空会社は巨額の赤字を抱え込む、深刻な事態に陥った。

ここでも政府は、上述の二社に対して指導を試みた。両社を統合して事業を効率化し、日本航空と同様に政府の支援を受けて国内線のネットワークを担う新会社の設立を提案したのである。しかし「第二の日本航空」になることに強く反対し、民間企業として独立性を保つことにこだわったのが、上述した国内線二社の一つ、日本ヘリコプター輸送だった。

その社名が示す通り、日本ヘリコプター輸送は保有する二機のヘリコプターで上空から宣伝ビラを撒くなど、おもに短距離の航空輸送に従事する会社として一九五二年一二月に誕生した。同社の創設者である美土路昌一《みどろますいち》は一八八六(明治一九)年に岡山県津山市で生まれ、一九〇八(明治四一)年に東京朝日新聞社へ入社すると社会部記者として頭角を現し、後にニューヨーク海

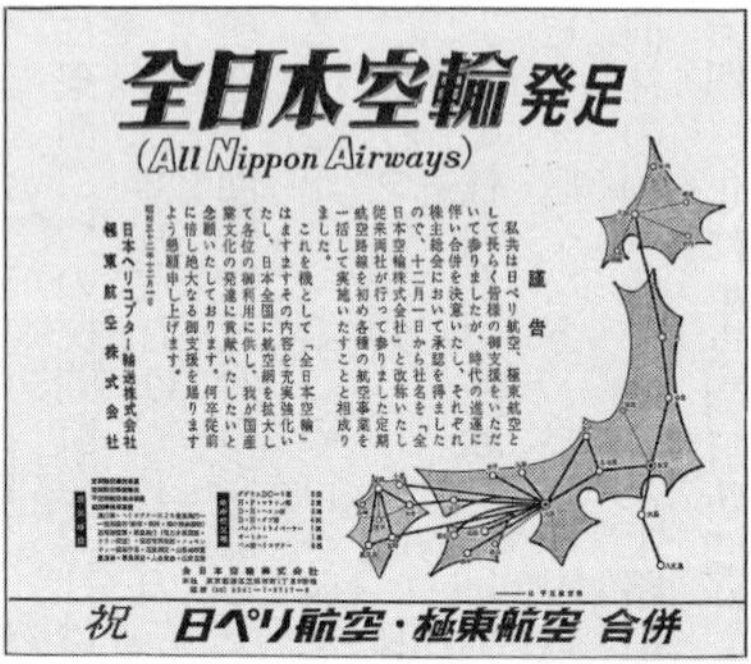

2-5　全日空の発足（朝日 1957 年 12 月 1 日）

外特派員や編集局長などを歴任した国際派の新聞ジャーナリストだった。他方で美土路は、朝日新聞社の常務取締役を務めていた一九三七（昭和一二）年に、三菱製の国産航空機・神風号で東京の立川飛行場からロンドンへ飛ぶメディア・イベント「亜欧連絡飛行」を実現するなど、かねてから航空事業に深い関わりを持つ人物でもあった。

一九四五年の終戦間際に朝日新聞社社長の村山長挙《ながたか》と対立し、新聞界から離れて故郷の津山に戻っていた美土路は、終戦後に朝日の部下だった中野勝義とともに航空関係者の雇用支援をおこなう互助組織「興民社」を作り、その延長から日本ヘリコプター輸送を一九五二年に設立し、自ら社長を務めた。政財界に幅広い人脈を持つ美土路と中野が率いた同社は、早くも戦後日本の航空界で独特な存在感を発揮した。創業から一年後には小型航空機による東京・大阪間の貨物輸送を開始し、その翌年の一九五四年には国内ローカル線の大阪以東の事業免許を取得し、「日ペリ航空」という愛称で旅客の輸送にも進出した。

しかし上述の大赤字を記録し、政府から国内航空二社の統合を提案された美土路は、半官半民の日本航空の国内版となることを警戒した。ジャーナリスト出身で民間資本の創意工夫を信じる彼は、同じく大赤字に苦しむ大阪以西の極東航空を実質的に吸収して新会社の体力を増強し、自らその社長として陣頭指揮を執るため交渉を重ねた。そうして日本ヘリコプター輸送の航空会社コード「ＮＨ」を継承して誕生したのが、全日本空輸株式会社（ＡＮＡ）だった。

全日空と日本航空の提携と競争

一九五八年三月に正式発足した全日空だが、早くも五か月後の八月一二日に再び困難に直面することとなった。羽田発名古屋行のＤＣ－３旅客機が伊豆半島の下田沖に墜落し、乗客乗員の三三人が全員死亡するという、大事故が発生したためだった。

全日空の事故機は海中に沈んだため、遺体の収容が長期化した。さらに原因を解明する調査も難航したことから、この事故をめぐる続報が連日のように新聞各紙で掲載され、国会でも問題視された。まもなく全日空の利用客は激減し、同社は早くも存続の危機に瀕した。

このとき政府は全日空の経営方針を考慮し、政府からの公的資金の直接注入ではなく、同じ航空会社である日本航空の支援を頼ることを提案した。これを全日空が受け入れたため、翌一九五九(昭和三四)年五月に資本、業務、そして技術のあらゆる面で全日空が日本航空と提携し、ここから長らく全日空の大株主には、日本航空の名があった。

それでも美土路が率いる全日空は萎縮せず、むしろ新たな挑戦に乗り出していった。まず政府の提案を受け入れた全日空は、そのかわりに日本航空が独占していた国内の主要幹線への参入を果たし、ただちに東京・大阪間と東京・札幌間に定期便を就航した。この国内幹線のドル箱路線から大きな収益と自信を得た全日空は、すかさず次の一手を打った。それは新しい機材の積極的な導入であり、一年前の大事故によって引き起こされた同社の技術力に対する不信を拭い去るための、大きな試みだった。

一九五九年八月、全日空はコンベア社の双発プロペラ機CV440(乗客約五二人)を二機入手し、翌月から国内幹線に投入した。同機は前年の事故を起こしたDC-3の二倍ちかい座席数を有する大型機だが、最新式の与圧装置を備えていたため、DC-3よりも高高度の上空を飛行することができた。これにより機体の揺れが少なくなり、圧迫感の緩和された広い客室で、従来よりも快適な空の旅を提供できるようになった。同社は翌一九六〇(昭和三五)年七月にも、ターボエンジンにプロペラを付けたヴィッカーズ社の最新鋭ターボ・プロップ機「バイカウント」を就航させ、「プロペラ・ジェット」という愛称で国内初登場を宣伝した。

これに対抗するため日本航空は翌八月、国際線専用だった大型旅客機のダグラスDC-6BやDC-7Cを国内幹線に導入し、国際線の快適さを国内線でも提供できることを謳った。

機材競争とジェット機

こうして全日空と日本航空の間ではじまった新機材の導入競争は、さらに激化していった。一九六一(昭和三六)年に全日空は新設計の静かなエンジンと振動の少なさで注目されたフォッカー社のF27「フレンドシップ」を大阪・高知間などのローカル線に次々と投入し、新機材による安全性能と快適さを強調した。これに対して日本航空は、次元の違う最新鋭機を同年九月に東京・札幌間に就航させることで迎え撃つ戦略をとった。このとき投入されたのがコンベア社のCV880であり、これは国内初登場のジェット旅客機だった。

戦前から飛んでいたプロペラ機や、その改良型のターボ・プロップ機に対し、強力な噴流(ジェット)によって推進力を得るジェット機は、まったく異なる技術による次世代の航空機であり、何よりも飛行速度が桁違いに速かった。たとえばプロペラ機のおよそ二倍のスピードで飛行できるジェット機ならば、同じ航路の飛行時間は約半分に短縮することができる。そしてジェットエンジンの推進力を高めれば、プロペラ機では不可能なサイズまで機体を大型化することができ、雲よりもはるか上空を航行できるために機体の揺れもさらに減少し、プロペラの細かな振動も消えることから、客室の快適さは大幅に向上することが期待できた。

もちろん全日空も、最新型のジェット機を早期に導入する計画に着手した。しかし過熱する新機材競争を危ぶんだ政府が、ここで二つの航空会社に「待った」をかけた。機材の異なる旅客機が国内にあふれ、その操縦や整備の技術が成熟しないまま次の機体を導入する異常な競争は、大事故を引き起こしかねない。また高価な機材の相次ぐ導入は両社の経営基盤を脅かし、共倒れになるかもしれない。一九六二(昭和三七)年八月に運輸省の勧告を受けた日本航空と全日空が、やっと合意に達したのは一九六四年一月のことであり、ボーイング社の新型機であるB727を共同して採用することで、過剰な競争は落ち着く見込みとなった。

機内サービスと新人研修

こうして全日空と日本航空が新機材の導入競争を演じた結果、日本の航空界は技術的な遅れを一気に解消し、むしろ最先端のジェット旅客機が飛び交う航空先進国の仲間入りを果たすことになった。さらに両社の競争は航空輸送への衆目を集め、新機材の導入のたびに利用客を増やしていったことから、結果として両社の経営基盤を安定させることにもつながった。

だがB727の共同採用の後は、二つの航空会社が同じ機材で、同じ国内幹線を飛ぶことになった。すると両社の間で、新たな競争が勃発した。こんどは機内サービス、すなわち客室乗務員の接客対応が競争材料になった。しかし全日空がリードしていた新機材の導入競争とは逆に、この競争では国際線で世界の航空会社と競ってきた日本航空が一歩先んじていたようだ。

そもそも全日空の客室乗務員の歴史は、その前身の日本ヘリコプター輸送が一九五五年九月に募集した一期生にはじまる。二七人乗りの旅客機DC-3で羽田・三沢・札幌間などを飛ぶ国内線に計五人の客室乗務員を募集したところ、一〇〇〇人ちかい応募者が殺到したという。新聞各紙の報道によれば「東京芝田村町の飛行館内の本社で採用試験をやるが、手ヅルも紹介も不用《ママ》、当日履歴書持参でくればだれでも応募OKという日航とうって変った気安さ」（読売一九五五年九月一六日）から、試験当日には会場の建物を出て「新橋駅近くの国電ガード付近まで、延々五百メートルほど」（朝日同月二二日）も続く応募者の行列ができ、「一時は愛宕署員が交通整理にのり出すほどの騒ぎ」（読売同日）だったという。

その翌月には日本航空も客室乗務員を募集したが、こちらは一五人募集のところ三五〇〇人ほどの応募に留まり、倍率は日本ヘリコプター輸送の約二〇〇倍に対して約二三倍と桁違いに低かった（読売同年一〇月一八日）。この後も日本航空の「低倍率」はしばらく続き、たとえば一〇期生を募集した一九五七(昭和三二)年二月には二〇人の採用枠に六五〇人の応募があり、その倍率は約三三倍だったという(読売一九五七年二月八日)。

この応募倍率の大きな差は、全日空に対する日本航空の不人気というよりも、後者の採用試験の難しさを表していたと考えられる。先に引用した記事にあるように、国内線だけを飛ぶ全日空は応募者の英語能力を重視せず、その他の採用条件も緩和されており、何よりも筆記試験を課さずに面接で選考するなど、「気安さ」を前面に押し出した採用試験をおこなっていた。これに対して日本航空は、国際線を拡充するために高度な英語能力を必須とし、また一般常識や英語の筆記試験などを課し、そして「容姿端麗」で「身元確実」などの厳しい条件を付けて、日本を代表する国際線の客室乗務員の卵を集めようとしていた。とくに最後の二つは男性のパーサーには求めない、女性のスチュワーデスだけに課した条件であり、明らかな女性差別に他ならないが、それほどまでに当時の日本航空のスチュワーデスには「気安さ」よりも「着物姿の客室兵」として太平洋を飛ぶような稀な能力と属性が求められていたことがわかる。

「日航ホステス募集」

日本航空は一九五九年に「客室訓練所」を羽田の本社に開設し、翌一九六〇年には同社の主力のジェット旅客機であるDC－8の実物大模型(モックアップ)を訓練所の内部に建造して、新たな研修制度の整備に着手した。さらに同社は客室乗務員に対し、高度な職業意識を持つことを期待した。

その一環として一九六一年五月一五日、同社は客室乗務員の呼称をスチュワーデスから「ホステス」に改めることを正式に発表した(毎日一九六一年五月一六日)。これは同年六月から東京・パリ間を結ぶ欧州線の初就航に合わせた名称変更だったが、女性給仕の意味を持つ労働者の色が強いアメリカ式のスチュワーデスから欧州で定着しているホステスに改称することで、客室における女性主人としての自覚を客室乗務員に促した(読売同日)。

だがホステスという語は、バーやキャバレーなどの女給を意味する語として日本で定着していたことから、日本航空の意図と反して不評だったようだ。とくに現場の客室乗務員から噴出した不満の声は、改称の意図とまったく矛盾したため、日本航空はホステスの呼称を五年ほどで廃止し、一九六六(昭和四一)年一一月一四日からスチュワーデスに再び戻すこととした。

こうした呼称をめぐる混乱はあったが、研修制度の充実により採用条件を「緩和」した日本航空の客室乗務員は高い応募倍率を回復し、また全日空の客室乗務員も高倍率を維持した結果、一九六〇年代のスチュワーデスは憧れの職業として徐々に広まっていった。

一九六六年の連続事故

ところが一九六六年、その志望者が急減する事態が生じた。多数の犠牲者を出した航空事故が頻発したためだった。それは同年の二月四日、札幌発東京行の全日空機が東京湾に墜落し、乗客乗員の一三三人すべてが死亡する事故にはじまった。八年前の下田沖事故を遥かに上回る死者を数えたこの事故は、当時の世界の航空史でも最多の犠牲者を記録する大惨事となった。

その一か月後の三月四日、カナダ太平洋航空のジェット旅客機DC-8が羽田空港で着陸に失敗し、乗客乗員の六四人が死亡、八人が負傷する事故が発生した。そして翌日の三月五日、羽田から香港へ飛び立った英国海外航空のB707が富士山付近で乱気流にのまれて空中分解し、搭乗していた一二四人全員が死亡する事故が起こった。たった一か月で三件の深刻な事故が発生し、うち二件は二日連続したため、日本の航空界へ厳しい視線が浴びせられた。

さらに同年一一月一三日、大阪から松山へ向かう全日空のYS-11が松山空港で着陸に失敗し、乗客乗員の五〇人全員が死亡する事故が発生した。一年間に四度の重大事故が続発した結果、「飛行機は危ない」という負のイメージが急速に広まり、利用客は減少した。とくに全日空では「幹線利用率が五一%の採算ベースを大幅に下回り、四十一〔一九六六〕年度は三四%に低落、それは四十二年度にも四三％と尾を引いた」という（読売一九七八年六月二一日）。

こうして一九六六年に連続した航空事故を伝える新聞報道を追いかけると、そこには事故の原因と同等の比重で繰り返し描かれた、あるテーマが浮かび上がる。それは事故の犠牲者となった客室乗務員たちの最期の姿であり、その遺族や同僚たちの悲しむ姿だった。

たとえば二月四日に東京湾に墜落した全日空機の事故をめぐる報道によれば、寒風が吹き荒ぶ真冬の海中から犠牲者の遺体を収容する作業が難航したという。多くの遺族が早期の引き上げを望むなか、「娘の遺体は最後になってほしい」と述べる、事故死した客室乗務員・天野美紀枝の母親、天野久枝の姿を伝える記事があった。

親であるからには、ひとときも早く、娘の姿を見たい気持に変りはない。しかし、乗務員の家族は、嘆くことも、怒ることも、表立っては、泣くことさえもできないのだ――そう久枝さんは思っている。「スチュワーデスが乗客のみなさんの前に発見されたのでは申しわけない」

（朝日一九六六年二月八日）

そして事故発生から四六日後、天野美紀枝の遺体は収容された。一三三人の犠牲者のうち残り七人のところで、母親の「気持にこたえるかのように、最後に近い発見だった」という(朝日同年三月二三日)。この後も新聞各社は、天野親子の悲劇を続報し、そして事故の直後で葛藤を抱えながらも仕事に専心する客室乗務員たちの献身的な姿を記事にしていった。

空の上の「責務」

たとえば上述した天野美紀枝の遺体発見の報道から六日後には、同じ全日空の客室乗務員である江間直子に密着取材した「スチュワーデスの一日」という長い記事が、『毎日新聞』に掲載されている。とても不規則な勤務で家族と食事はめったにできないという江間は、自ら望んで就いた憧れの職業に対する愛着を語り、取材記者に機内サービスの現場を誇らしげに見せつつも、相次ぐ重大な航空事故に対する戸惑いも率直に述べている。

着替えに戻った客室乗務員室のドアには、二月四日羽田沖の事故で遭難した同僚のスチュワーデス・天野美紀枝さん(二三)のお通夜の知らせがはってあった。事故以来四十六日目のきのう遺体が発見され、今夜お通夜だという。江間さんはその掲示を見ながらこういった。

「だれからもかけがえのない大切な人と思われている方でも、やっぱり死ぬのですね。身近に事故を見て、人間の肉体のはかなさにがくぜんとしました。［後略］」

それでも客室乗務員を辞めることは、選択肢にないという。むしろ記者の問いかけに「不安はありません」と答える江間は、次のようにその理由を述べている。

「いま会社で使っている四つの機種については、訓練中に構造も一機種ずつくわしく教えられ、試験も受けて知識もありますし、技術ももちろん、絶対に信頼しています。不安はありません。それにここで飛行機を見捨ててしまうなんて、とてもとてもできません。乗務員としての責任感からも、飛行機に対する愛情からも……」

江間さんは東京渋谷の天野家へ向かっていった。

（毎日同月二九日）

客室乗務員になるための訓練に対する信頼と、雲の上の仕事に対する愛着、そして同僚が犠牲になっても自らの「責務（duty）」を遂行する兵士のような覚悟が、ここでは描写されている。こうした高い職業意識が、当時の日本の客室乗務員にあまねく共有されていたものかどうか、それを判断できる材料は手元にはない。ただし数か月の間に連続し、その後も発生した航空事故のたびに、こうした客室乗務員たちの「責務」と「純真さ」を伝える報道は繰り返されていたことから、それは客室乗務員をめぐる社会的なイメージの定型であったと考えられる。

一九五〇年代の半ばから六〇年代の空を飛んでいた日本の客室乗務員たちには、ときに海外のライバルたちと競うための難しい業務が求められ、ときに生死を顧みない「純真さ」を発揮して、献身的なまでに「責務」を全うする使命感が期待された。そして当の客室乗務員たちも、そうした期待を受け止めて、自ら空の上で実践してみせていた。

このころ客室乗務員は文字通り「雲の上の存在」であり、「訓練された客室兵」であることが求められていた。とくに日本航空の国際線に搭乗するスチュワーデスには、パンナムをはじめはるか上空を飛ぶ外国の航空会社に追い付き、そして追い越すための強い使命感と、それを体現する「着物姿の客室兵」としての「責務」が要求されていた。そのような客室乗務員の社会的な位置付けが変化していく一九七〇年代の状況を、次にみてみたい。

3 章

1967–82 年

operation

低落する「職務」

ジャンボ時代の混迷

ツンツン型より健康美人

これからの スチュワーデス

日航の基準

身長さげて体重ふやす

語学力より

人柄が大切

日本航空による客室乗務員の採用方針の転換を伝える記事
(毎日 1973 年 9 月 11 日)

1　「空飛ぶ日本館」のミニスカート

世界一周線の就航と新制服

前章でみたように一九六六(昭和四一)年の航空事故の頻発は、日本の航空各社を苦しめた。だがそうした日本の事情とは無関係に、一九六〇年代を通じて国際的な航空市場は拡大し続けたため、日本の翼を代表して国際線を担っていた日本航空には、停滞する国内線への対策とは別に、国際線を拡充して世界進出を果たす国策の遅延なき推進が求められた。その視線の先には、「世界一周線」の就航があった。

まず日本航空は、一九六六年一一月に東京・ニューヨーク線を新規開設した。日本から北米の東海岸へ進出した同社は、休む間もなく四か月後に大西洋を横断してニューヨークからロンドンへ飛ぶ「東回り」の航路も開設した。そのヨーロッパの地で待っていたのは、五年前から「西回り」で日本と西欧を結んでいた日航機だった。

そうして一九六七(昭和四二)年三月、日本航空は自社便による世界一周線の就航を宣言し、同月六日に「西回り」、翌七日には「東回り」の第一便がそれぞれ羽田を飛び立ち、日本の翼が地球を一周して世界各地を結ぶという大きな目標を達成した。当時、世界一周線を開設していたのはアメリカのパン・アメリカン航空(パンナム)とトランスワールド航空(TWA、二〇〇一年にアメリカン航空へ吸収合併)、イギリスの英国海外航空(BOAC)、そしてオーストラリアのカンタス航空の四社だけだった。いわゆるアングロサクソン系英語圏の独擅場だった世界一周線にアジア出身で非英語圏の、しかも創業から一六年目の日本航空が参入したことは、日本国内はもとより、世界の航空界に大きなインパクトを与えた。

このとき日本航空は、世界一周線の就航を記念して、客室乗務員の制服を一新した。それまでの左胸に金糸の徽章が縫い付けられた濃紺の軍服調ユニフォームは廃止され、かわりにベレー帽と膝が少しのぞくほどのスカート丈が印象的な、明るいブルーのスーツが採用された。デザインを担当したのは、二年前の一九六五(昭和四〇)年にニューヨーク・コレクションへ初参加し、蝶の意匠で「マダム・バタフライ」の異名を得た、森英恵《はなえ》だった。夜会ドレスなど女性向けの高級仕立服を専門とする森の起用は、威厳ある軍服調から一変して、華やかなオートクチュール調の制服を、空飛ぶ客室にもたらした。

これが世界一周線の新制服

日航スチュワーデスが〝衣がえ〟

○…日本航空は、三月の世界一周線開設から、スチュワーデスの装いを変えることにし、そのおひろめが十九日午後、東京・千代田区のホテル・ニューオータニで開かれた。モデルは同社四百五十三人のスチュワーデスから厳選された十二人。

右の三つが新しく採用された制服（右端からスーツ、冬用コート、夏用ブラウス）左端のエプロンは食事サービス用、隣は従来のもの

○…いままで濃紺だったスーツは、親しみやすい感じにとブルーに変え、ブラウスも動きやすいようにとテロハ式。スカートの長さは動きを考えて、ヒザがしらのちょっと上。コートはベルトを高めにして、下半身を長く見せています――とはデザイナー森英恵さんの解釈。

○…いまの制服は三十五年製。競争の激しい一周線でアピールしようと、この〝七年目の衣がえ〟さて国際客の気を引くかどうか。

3–1　世界一周線就航を記念した4代目制服（読売 1967年1月20日）

森がデザインした新しい制服は、世界一周線と同時に誕生した日本航空のスチュワーデスの五〇期生が最初に着用することになった。ちなみに創業から一五年間で五〇期という数え方から明らかなように、客室乗務員の「期」は一年に一期だけでなく複数の「期」が研修を受ける独特な制度に由来しているため、それは年次というよりもクラスに近い意味を持つ。

一九六七年三月四日の『読売新聞』によれば、約二か月間の研修を終えた五〇期生の一八人は、「第一期スチュワーデスをはじめ先輩がずらりと並び盛大な式となった」記念卒業式に出席し、新たな制服をお披露目した。

式は、伍堂輝雄《ごどうてるお》副社長のあいさつではじまり、卒業免状のかわりに日航のツルのマークの真珠のブローチを胸につけてもらったあと、卒業生たちは大きなバースデー・ケーキのロウソクを吹き消して一人前のスチュワーデスとして祝福を受けた。このあと、全員はス

カイブルーの新しいユニホーム姿で日航機を背景に記念撮影した［後略］。

なお日本航空は一九七二(昭和四七)年に大西洋線から撤退したため、同社の世界一周線は五年ほどの短命で終わったことになる。ニューヨークとロンドンを結ぶ大西洋線には強力なライバルが数多く存在し、欧米での低い知名度も解消できなかったため、赤字続きの同社の大西洋線は世界一周線を維持するための「つなぎ」の役割しか果たさなかった。それでも五年間の日本航空の世界一周線は、一九六四(昭和三九)年の東京オリンピックや一九七〇(昭和四五)年の大阪万博に連なる戦後日本の国家イベントとして、その役割を果たした。

海外旅行とスチュワーデス

こうした日本航空による国際線の拡充は、重大事故が多発した日本国内に久しぶりの明るい「空のニュース」を届け、空の旅への憧れを喚起した。まもなく国内の航空需要は深刻な低調から脱し、空港には乗客が戻ってきた。

ただし当時の国際線の客室は、商用渡航のビジネス客が多数派であり、海外旅行へ向かう観光客はじつに少なかった。終戦から二〇年ちかく続いた日本人の海外渡航の実質的な禁止は、東京オリンピックにあわせて一九六四年に自由化されたものの、日本政府は「一人年一回、持ち出せる外貨は五〇〇米ドルまで」という規制を設け、渡航制限を続けていたためだった。

それでも海外への憧れ、とくに観光目的の海外旅行に憧れを抱く日本人は、確実に増え続けていた。そこで日本航空は「ジャルパック(JALPAK)」という海外観光旅行に特化したパッケージツアーのブランドを開発し、旅行会社に販売してもらう新しい事業に着手した。一九六五年四月に第一便をヨーロッパへ送り出した「ジャルパック」は、一九六〇年代後半を通じて海外旅行商品のトップブランドとして成長し、やがて日本の海外旅行の代名詞にもなった。

その「ジャルパック」の販売開始から三年後の一九六八(昭和四三)年七月、日本航空は二五〇人もの客室乗務員を募集した。東京、大阪、名古屋など全国一〇か所で同時実施された一次試験には、およそ六六〇〇人の応募者が集まったという。このころから同社は客室乗務員の採用枠を拡大していき、全日空をはじめとする国内線の各社も競争して増員したため、桁違いの数の客室乗務員が続々と生まれる時代に突入していった。

その背景には、重大事故が連続した一九六六年までの水準を大きく上回る、記録的な航空需要の急伸があった。とくに日本航空では、国際線の新規航路の増設がニュースになり、それが人々の海外への憧れを刺激して多くの乗客を生み出し、さらに新たな航路の開発を推進する、という好循環に入っていた。こうした海外旅行の活況と連動して、国内旅行でも飛行機の利用客が増えていったが、その中心にはビジネス客ではなく、上述の観光客がいた。

採用試験の市場化

航路の増設と増便が繰り返されれば、それだけ多数の客室乗務員が必要になる。加えてこれまでの数倍の座席数を誇る新型旅客機「ジャンボジェット」の就航も、間近に迫っていた。これまでとは異次元の規模と方法で客室乗務員を募集し、大幅に増員していくことは、日本航空をはじめとする一九六〇年代末の航空各社にとって、喫緊の課題になっていった。

このような客室乗務員をめぐる環境の変化にいち早く反応したのが、スチュワーデスを養成する予備校だった。まず一九六八年四月には神田外語学院がスチュワーデス科を新設し、翌五月には東京ニューライフ・クラブ・スチュワーデス・スクーリングが開校した。前者は英語教育で有名な語学学校が開設した特別クラスであり、後者では約六〇人の受講生が「週三回、一日二時間ずつ、美容マナー、接客態度、ことばづかい、英会話、航空総論、日本・世界地理、政治、文化、歴史などを、元スチュワーデスの講師陣からみっちり仕込まれて」、同年夏の採用試験に臨んだという(読売一九六八年七月二七日)。

それでも空を飛びたい

スチュワーデス志望は"白熱化"

予備校は大繁盛

競争40倍 ついに"模擬試験"登場

ジャンボ機就航で採用倍増

アテンション・プリーズ

「空で死ねたら本望」
「安全性信頼します」
「事故、覚悟している」

「不安は感じない」が55%

3-2 「スチュワーデス志望は“白熱化”」
（読売 1971 年 8 月 21 日）

翌一九六九（昭和四四）年四月には「企業診断などで知られている国際経営協会「IMCA」」がIMCAスチュワーデス学校を開設したところ、「入学定員七十五名に対し書類選考の段階で十倍近い七百人の応募があった」という（読売一九六九年四月五日）。さらに同年には一年間の教育課程を提供する日本女子航空学院が、翌一九七〇年にはハワイでの特別研修を謳う日本スチュワーデス学院が現れ、この他にも数多の予備校が全国各地で誕生した。一九七一（昭和四六）年には、初の「スチュワーデス全国公開模擬テスト」も実施された（読売一九七一年八月二一日）。さらに採用試験の対策本が多数出版され、通信制の対策講座も登場した。

　こうしてスチュワーデス受験産業が出現し、お互いを意識して激しい競争を繰り広げた結果、客室乗務員の採用試験は市場化していった。それまで詳細が分からず、真偽不明な噂も流れていた「客室乗務員への道」が急速に整備され、依然として険しいながらも努力すれば踏破できるルートであることが明らかになっていった。そうして客室乗務員は「雲の上の存在」ではなくなったかわりに、数百人規模で毎年採用されるほどに民主化された、あるいは大衆化された「人気の職業」の一つに変身していった。このころ全国一〇〇〇人の小学四年生から中学二年生までを対象に東京の玩具メーカーが調査した「将来なりたい職業」ランキングの女子の一位に、スチュワーデスが選出されている(朝日一九七〇年一一月二日)。

客室乗務員に集まる視線

客室乗務員への「入口」が拡大して注目を集めたのと前後して、その「出口」も人々の関心を集めるようになった。たとえば一九七〇年六月、人気歌手の橋幸夫《はしゆきお》が日本航空の国際線スチュワーデスと婚約したことが発表されて話題になると、この後も芸能人やスポーツ選手などの著名人と客室乗務員の結婚がニュースになり、雑誌やテレビを賑わせた。また自ら芸能人に転身し、女優としてテレビドラマなどに出演する元客室乗務員も現れた。その一人である秋山翠《ゆり》は、約三年勤務した日本航空の国際線スチュワーデスを一九六九年三月に退職し、「劇団四季」の研究生になったところで高名な映画監督の木下恵介《けいすけ》に見出され、早くも同年一〇月放映のドラマ『兄弟』(TBS)のヒロインに抜擢された(毎日一九六九年九月一四日)。一九七〇年に秋山はドラマ『はまぐり大将』(日本テレビ)で日本航空の国際線スチュワーデス役を演じ、現役時代に使用していた本物の制服を着用して登場したことで注目を集めた(読売一九七〇年三月二八日)。同年にはドラマ『アテンションプリーズ』(TBS)が放映され、日本航空の協力によって国際的に活躍する客室乗務員の華やかな世界が活写された。その詳細は次章でみたい。

同じ一九七〇年の三月一日、全日空が客室乗務員の制服を一新した。「新しいユニホームは空の旅のスピード感をもり上げた、ひざ上十センチのミニスタイルのワンピース」であり、ブラウンを基調にイエローストライプのアクセントが入った、斬新なデザインだったという(読売同年二月一八日および二五日)。

さらに五日後には日本航空も、客室乗務員の制服を同年七月から新調することを発表した。軍服調の濃紺から一転し、世界一周線就航を記念した明るいスカイブルーの華やかな制服は、たった三年で廃止となった。五代目となる次の制服も引き続き森英恵がデザインを担当するが、「これまでのツーピースがワンピースにかわり、色は夏、冬とも濃紺と赤が基調。スカートはこれまでのヒザうえ〇センチが、いっきょに十五―二十センチあがったミニ」になるという「予告」がアナウンスされた(読売同年三月七日)。

ミニスカートと「空飛ぶ日本館」

その翌月、新聞の全面広告でお披露目された日本航空の新しい制服は、驚くほど丈の短いスカート、赤いベルト、そして高いヒールのシューズが印象的なワンピースの一式だった。オートクチュールを専門とする森英恵らしい優雅なデザインは三種類のスカーフとベレー帽に認められた。しかし全体としては当時流行していたミニスカートを先行して採用した全日空やパンナムなどへの対抗心を顕わにした、そしてちょうど開催中だった大阪万博のコンパニオン（会場案内役）を強く意識したかのようなデザインだった。

彼女といっしょに華やかな空の旅へ
JAL
日本航空
3-3　1970年登場の5代目制服
（朝日1970年4月25日）

大阪万博とは一九七〇年三月から九月までの半年間、大阪府北部の千里丘陵で開催された日本万国博覧会の略称であり、「人類の進歩と調和」をテーマに掲げて七七か国が参加し、約六四二二万人の来場者を数えた国家イベントだった。それは六年前の東京五輪と同じく、戦後日本の復活と躍進を国内外にアピールする絶好の機会だった。万博会場を構成する多数の展示館（パビリオン）には、開催テーマの一つである「進歩」を連想させるミニスカートのワンピースの制服と、もう一つのテーマである「調和」を想起させる民族・伝統衣装を着たコンパニオンたちがいた。それは日本館であれば、ミニスカートのワンピースと着物の組み合わせだった。

この大阪万博の日本館で提示された「日本」イメージに同調し、空の上に持ち込んだのが、一九七〇年の日本航空だった。客室での着物サービスにミニスカートのワンピースの新制服が加わったことで、日本航空の客室は文字通り大阪万博の日本館を延伸したような空間になり、「空飛ぶ日本館」になった。そこでは「人類の」というより「日本の」進歩と調和をテーマとする機内サービスが日々、実演されることになった。何よりも日本航空が、「空飛ぶ日本館」たることを自任していた。同社は大阪万博のオフィシャル・エアラインとして協賛し、その海外支店で万博の入場券を販売し、独自の宣伝隊を世界二四か国・七〇都市へ派遣した。そして万博の開会式の翌朝、同社は着物姿で客室に立つスチュワーデスの写真に、次の宣伝文を添えた新聞広告を掲載した。「万国博――日航ジャンボは空飛ぶ日本館です」。

こうして新型機と新制服を導入した新しい日本航空の「空飛ぶ日本館」で、客室乗務員たち

3-4 「万国博――日航ジャンボは空飛ぶ日本館です」
(読売 1970年3月15日)

は機内サービスも一新することが求められた。その詳細を次にみてみたい。

2　ジャンボジェットという「事件」

客室の巨大化

一九七〇年の夏、大阪万博の開催に沸く日本の空に出現した大型ジェット旅客機B747は、「ジャンボ」と呼ばれた。それは単に新しい飛行機の登場にとどまらず、世界中の航空産業のあり方を刷新する重大な「事件」でもあった。なかでも同機は乗務員と乗客の双方の客室における体験を大きく転換し、現在まで続く「空の旅」の原型を生み出したといえる。

ジャンボ以前にもジェット旅客機はいくつか存在したが、そのうち最も早く日本の空を飛んだのは、一九六〇(昭和三五)年に日本航空が導入したDC－8だった。同機を製造したダグラス社は、最新技術の積極的な採用よりも、評価が定まった既存技術の活用を得意とするメーカーとして知られ、その高い技術的安定性を継承したジェット機DC‐8は、一九六〇年代を通じて世界中の航空会社の主力機として重用された。

ライバルの航空機メーカーたちは、名機DC‐8を凌ぐ新型機の開発を試みた。なかでもボーイング社はパンナムと手を組み、まったく新しいスケールの大型旅客機の設計を構想した。このときパンナムの名物社長J・トリップは、最新技術の積極的な採用と豪華な仕様を主張し、新型機の技術仕様から客室のレイアウトにいたるまで細かな注文を重ね、新世代の旅客機のあるべき姿を大胆に探求していった。そうして一九六九年に初飛行を迎えたのがB747であり、その一号機は一九七〇年一月にパンナムの主要航路であるニューヨーク・ロンドン線で初就航を遂げた。日本航空も初飛行の前に多数のB747を発注し、パンナムから遅れること六か月後の七月に東京・ホノルル・サンフランシスコ線へ就航させた。

B747は初期型でもファースト、ビジネス、エコノミーの三クラス制で三六〇席、ファーストとエコノミーの二クラス制では四五〇席を設定することができた。これを一五〇席前後のDC‐8と比べれば、三倍ちかい乗客を一度の飛行で運ぶことができる計算になる。さらには日本航空の求めに応じて最大で五〇〇席ものシートを搭載できるB747SRも製造され、世界最多の座席数を誇った同機の他にも、多くの派生型が生み出された。

「ジャンボ」の長所と短所

Ｂ７４７の最大の特徴は、やはりその機体の大きさだろう。初期型は全長が七〇・五メートル、胴体の幅は六・一メートルもあり、主翼の面積は五一一平方メートルで「テニスコートの一・五倍」もあった（読売一九七八年五月二三日）。この巨大化された機体（ワイドボディ）のおかげで、上述した圧倒的な座席数を搭載できるだけでなく、連続航行距離も一万キロメートルを超え、たとえば東京・ニューヨーク間の直行便を就航することも可能になった。

そうした革新的技術は、大きな変化を航空界にもたらした。とくにジャンボの登場で急増した座席数を埋めるため、航空各社が割引運賃を積極的に提供しはじめた結果、航空運賃が総じて安くなり、一九七〇年代には飛行機を使った旅行が急速に人気を集めていった。ジャンボの出現は観光の民主化あるいは大衆化に大きく寄与したといえる。

他方で、大きいことは良いことばかりではなかった。パンナムによる実用開始の直後から、初期型のＢ７４７はエンジントラブルが頻発し、遅延や欠航が相次いだ。また乗客が倍増したために乗機と降機に要する時間が増加し、乗客数の確認作業や離陸直前の乗客対応も増えたことから、やはり発着の遅延につながった。報道では「遅刻ジャンボ」「ウスノロ」「のろのろ」など不名誉な表現が浴びせられることもあった（朝日一九七〇年七月二日など）。

そもそも製造元のボーイング社は、Ｂ７４７にジャンボという愛称を使用することには消極的だったという。同社は「スーパー・ジェット」という公式の愛称を用意してＢ７４７の宣伝に努めたが、開発段階からメディアなどではジャンボと呼ばれて定着してしまったため、しかたなく非公式のジャンボを同機の愛称として使用することを認めた（読売一九七八年五月二三日）。英語の「ジャンボ（Jumbo）」という言葉は、一九世紀にアメリカのサーカスで人気を博した実在のアフリカゾウの名前に由来し、巨大、巨体、大柄などの意味を持つが、転じて「大きすぎて動きの遅いもの」「のろま」という意味もあったという。

低落する「職務（operation）」

ボーイング社が危惧した通り、まさに初期のＢ７４７は巨体ゆえの「遅さ」で注目を集めてしまったが、その批判の矛先は発着の遅延だけでなく機内サービスにも向けられていった。

たとえば日本航空は実用前にジャンボの「招待飛行」を実施し、乗客に感想を求めたが「客室が広すぎ、横も前も後ろも人間ばかり。どうも落着かない」「飲み物もなかなか回ってこず、スチュワーデスは重労働でかわいそう」などの声が多数寄せられたという（朝日一九七〇年七月二日）。ジャンボのエコノミークラスでは横に九席を並べて設置し、二列の廊下を初めて採用したため、三分の一の座席が窓の外を見ることができない「真ん中の席」になってしまった。しかも連続航行距離は延びたため、行き先によっては十数時間も窮屈なシートに座り続けることから、客室乗務員による機内サービスが、いよいよ重要な気晴らしになった。その結果、飲み物や食事の提供を待つ時間は実際以上に長く感じられることもあり、一人で担当する座席数の多さゆえに余裕なく動き回る客室乗務員の姿は、ときに「可哀想」または「無愛想」にみえたかもしれない。それゆえジャンボに搭乗する客室乗務員の「職務（operation）」の低落ぶり、とくにその「遅さ」を批判する声がしばらく消えなかった。

こうして最新鋭の機体への前評判とは裏腹に、ジャンボの客室にはさまざまな不満が渦巻きはじめた。なかでもジャンボ以前の飛行機を経験したことのある人々の間では、少なからず不評だったようだ。もちろん製造会社も航空会社も、B747のこうした弱点を理解していたため、いくつもの対策を講じていった。まずボーイング社は全座席にチューブ式のイヤフォンを配備し、複数のチャンネルでクラシックや歌謡曲などの音楽を、そして日本仕様では落語や講談なども、それぞれ楽しめる機内放送を装備した。また客室の四か所に設置したスクリーンに映画を投影し、各座席でイヤフォンのチャンネルを合わせると映画の音声が聞こえるという、画期的な機内シアターも設置した。

一味違う日本の「ジャンボ」

ボーイング社のアイデアに加え、日本航空は独自の機内サービスも開発した。まず飲み物の提供のための新しいカートを特注し、日本酒の熱燗などを提供できるようにした。また免税品を機内販売するため、化粧品や宝石などの小物を陳列した透明のショー・ケースを上面に乗せたショッピング・カートも考案し、それを客室乗務員が二人一組で押して広い客室を巡回した。そして同社はボーイング社と協力して藤、橘、松、紅葉の四季をモチーフにした「大和絵風の豪華な壁画」や「シートカバーや壁面を飾る日本古来の紋様」などを客室中に配し、他社のジャンボとは一味違う「空飛ぶ日本館」の演出に努めた（読売一九七〇年三月一五日）。

このころ日本航空は、増え続ける日本人観光客が長い飛行時間を楽しめるよう、日本食の提供を目玉とする新しい機内食の開発にも取り組んでいた。同社の機内食は一九五一（昭和二六）年のもく星号で提供したサンドイッチにはじまり、その後は外国の大手航空会社に倣い、フランス料理を基本とする洋食を提供してきた。しかし一九六〇年代に入ると、航空各社が豪華な機内食を争って提供するようになったため、国際航空運送協会（IATA）が「エコノミークラスでは一〇〇グラムまでの肉を一種類、野菜を二種類」までとする詳細なルールを設定し、その制限内で工夫することが求められた。

IATAの国際ルールはフランス料理を代表とする欧米の料理を前提としていたため、日本食では難なくクリヤーできる条件もあれば、まったく作れないメニューも出てきた。そのため試行錯誤を重ねた結果、ジャンボのファーストクラスでは「つきぢ田村」の指導のもと懐石料理を、エコノミークラスでも「幕の内弁当」を新たに開発し、ときに四〇〇人を超える多数の乗客に素早く提供できるよう工夫を凝らしたという（日本航空協会編、二〇一〇）。

こうした日本食の全席提供をはじめとするジャンボ向けの新しいサービスを実現するためには、それを担当する客室乗務員の訓練方法も大幅に改定する必要が生じた。日本航空は一九七〇年三月、約七億四〇〇〇万円を費やして地上七階、地下一階の「乗員訓練センター」を羽田に建設した。その中心にはジャンボの客室を再現した実物大模型が新設され、合計九席が横並びに配置された広い客室での機内サービスを学ぶことが可能になった。この新しい「センター」での訓練を修了した客室乗務員は男女それぞれ九人、合計一八人で一組になり、従来機の三倍から四倍にあたる手厚い人員の配備でジャンボの一回のフライトに搭乗したという。

なお日本航空は、設立当初から男性の客室乗務員を採用してきたが、その大半は船舶会社やホテルなどでの接客業務の経験を有する中途採用者で占められ、女性の客室乗務員よりも年長者ばかりだったこともあり、入社後の研修期間から男女別の待遇が用意されていた。また男性の客室乗務員は昇級が早く、それだけに高給を得ていたことから、後述するように航空会社の経営難のために採用数を減らされ、やがて廃止されていくことになる。

年間一〇〇〇人採用へ

ジャンボ時代に低落したとされる客室乗務員の「職務(operation)」を向上させる対策は、その研修制度だけでなく採用方針にも及んだ。ジャンボが就航した一九七〇年の採用試験から、受験者の運動能力を実際に測定するテストが加えられた。これに対して一九七三(昭和四八)年には「英会話能力」が必須の応募条件から外れ、採用の時点では「英語の素養」があればよい、というレベルまで大幅に緩和された。さらに翌一九七四(昭和四九)年の「日航スチュワーデス募集」の広告には、「英語が不得手な方は、国内線に乗務していただきます。その後、所定の試験に合格した方は、国際線に乗務することができます」と記されるようになった。

応募条件の緩和は「英会話能力」に留まらなかった。一九七三年九月一一日の『毎日新聞』

は、「今年から採用条件の〝大衆化〟に踏み切った」という日本航空の方針について、次のように伝えている（本章扉を参照）。

まず身長制限を一センチ下げて「百五十七センチ以上」とし、体重は三キロアップして「四十八キロ以上」と改正し〝容姿端麗〟のために守ってきた〝規格〟をついに崩したわけだ。

こうした採用条件の「緩和」の背景には、女性の客室乗務員の深刻な人手不足があった。ジャンボの導入と増便を視野に、日本航空が一九六〇年代末から数百人の大規模採用に踏み切ったことは、既にみたとおりである。その結果、同社の客室乗務員は一九七一年に一三〇〇人を数え、じつに五年間で二倍に急増したという。

さらに日本航空は一九七三年に一〇七〇人、一九七四年には一〇二七人もの新人を一年間で採用し、全日空も両年にはそれぞれ五〇〇人を超える新規採用を実施した。当時のスチュワーデスの平均勤続年数は約三年と短かったため、一年間に一〇〇〇人以上の新人を採用せねば、上述のようなジャンボ時代の機内サービスを維持できなかった（朝日一九七五年九月二五日）。

英会話重視から体力重視へ、そして一〇〇〇人規模の大量採用へ。そうして全国からかき集めた桁違いの新人たちを「乗員訓練センター」で集中的に訓練し、かつては半年近くあった研修期間を四か月ほどに短縮し、ただちにジャンボの現場へ送り込む――客室乗務員をめぐる状況は、たった数年間で大きく様変わりした。

ただしこの状況は長くは続かなかった。日本航空も全日空も一九七五(昭和五〇)年度の客室乗務員の採用を全面的に停止したためだった。両社は翌一九七六(昭和五一)年度にも新卒者を募集せず、志望者たちに深い失望を与えた。その原因と結果をみる前に、少し遠回りして同じころの日本に沸き起こった「鉄道の旅」の大ブームについて考えてみたい。それは「空の旅」にも影響を及ぼす社会現象となったためである。

3 「ディスカバー・ジャパン」と鉄道の旅

万博後の「見つける」旅

ミニのワンピースの真新しい制服を着用した日本航空の客室乗務員たちがジャンボの一号機に初めて搭乗した日から二か月半後、大阪万博は半年間の会期を無事に終え、一九七〇年九月一三日に閉幕した。万博会場へ向かう旅客を運ぶため、増便を重ねて対応していた航空各社は、増強した輸送能力を消化する新たな道を模索した。たとえば日本航空は、東京とグアムを結ぶ国際線を新設し、「ほんとうの太陽と海を見つけました　きょう　日航グアム線開設」という広告を、万博閉会から二週間後にあたる一〇月一日の新聞に掲載した。

さらに二週間後の同月一四日、同じく「見つける」旅へと誘う、もう一つの宣伝活動がはじまった。しかし「見つける」対象と方法はまったく違い、日本航空が「国外」へ向かう空の旅を提案したのとは対照的に、「国内」へ向かう「鉄道の旅」を提言する、記録的な大規模宣伝だった。日本国有鉄道(国鉄)による、「ディスカバー・ジャパン」キャンペーンである。

日本の広告史に大きな足跡を残すこの一大キャンペーンについては、多くの研究や資料があるため、ここではそれらを参照して、まったく同時期に現れた「空の旅」と「鉄道の旅」の異同に注目し、一九七〇年代の日本を代表する二つの「旅のかたち」について考えてみたい。

大阪万博の終了直後に新規航路を発表した日本航空と同じく、国鉄も万博後の鉄道需要の維持を課題としていた。たとえば万博会場を訪れた六四〇〇万人のうち、国鉄は二二〇〇万人を輸送し、このうち九〇〇万人を新幹線で運んだ。森彰英の『「ディスカバー・ジャパン」の時代』(二〇〇七)によれば、国鉄は広告会社の電通と共同研究会を設け、かなり早い段階から万博後の対策を練っていったという。

このとき電通側の責任者を務めたのは、「モーレツからビューティフルへ」(富士ゼロックス、一九七〇)というメッセージ性の強い広告を世に送り出した藤岡和賀夫だった。高度成長期の世相を表現した前年の人気広告「Oh! モーレツ」(丸善石油)を本歌取りし、物質的な繁栄を追求する「モーレツ」から精神的な豊かさを重視する「ビューティフル」への価値転換を呼びかけた藤岡の広告は、そのテレビCMの独特な視覚表現とともに話題を集めていた。

そもそも大阪万博の開催テーマである「人類の進歩と調和」には、「モーレツ」と通底する「右肩上がり」の価値観が潜んでいた。それを相対化し、ポスト万博の時代における「ビューティフル」への転換を、さらに表現することはいかにして可能か。国鉄との共同作業で万博後の宣伝活動を構想していた藤岡は、次の主題(メインコンセプト)にたどりついたという。


私がメインコンセプトに据えたかったのは「旅に出て発見するのは畢竟《ひっきょう》自分だ、言うなればDISCOVER MYSELFが旅の極意だ」と言うことだった。しかしそのフレーズではタイトルとして納まりが悪い。そこでスポンサーである日本一の大企業、日本国有鉄道とのバランスでDISCOVER JAPANにした。ただ〝その心〟を忘れないために川端康成命名の

「美しい日本と私」をサブタイトルに入れたのだ。（藤岡編著、二〇一〇）

日本人初のノーベル文学賞を一九六八年に受賞し、「美しい日本の私」と題した記念講演をストックホルムでおこなった川端康成は、その二年後に鎌倉の自宅を訪れた藤岡の「美しい日本と私」という宣伝文（コピー）に理解を示し、自ら筆を執って揮毫《きごう》したという。

こうして「DISCOVER JAPAN　美しい日本と私」は、まさに川端のお墨付きを得た一大キャンペーンとして、万博終了の翌月から大々的に始動した。ノーベル文学賞を受賞したばかりの川端による直筆の副題は格別なインパクトを発揮したが、他方で川端の演題と一文字違いの副題には、安易さや権威主義を問う声もあったとされる。また主題の「ディスカバー・ジャパン」にも、アメリカ政府が国内観光の振興策として一九六〇年代後半から展開していた「ディスカバー・アメリカ」キャンペーンと酷似していたため、国鉄の内部からも懸念する声があがったという（森、二〇〇七）。

「モーレツからビューティフルへ」と比較すれば広告表現の新奇性に乏しく、結果として本歌取りを組み合わせたような主題と副題だったが、しかし「ディスカバー・ジャパン」キャンペーンは特筆すべき大きな反響を呼び起こした。その特徴は、大規模な展開と協賛、コンセプトの視覚表現、そして社会的波及の三点にみることができるだろう。

第一の特徴である大規模な展開と協賛の主な例を挙げれば、全国の国鉄の駅構内に掲示した数多のポスターをはじめ、新聞や雑誌への広告掲載、テレビCMの放映とテレビ番組『遠くへ行きたい』(日本テレビ)の提供、機関誌『でぃすかばあ・じゃぱん』の発行などがある。

さらに国鉄は各地で割引周遊券や記念切符を発券し、高さ約八メートルのDJタワーや多種類の記念スタンプを全国の駅に設置、日立製作所との協賛で全国を縦貫する機関車「DJポンパ号」を走行させ、本願寺派との協賛で全国の同派寺院に宿泊できる「心のふるさとお寺券」を駅窓口で販売するなど、じつに多様なアイデアを実現していった。こうして数多くのチャンネルを駆使して、国鉄はじまって以来の一大キャンペーンは展開されていった。

マイセルフからジャパンへ

第二の特徴であるコンセプトの視覚表現は、これまで多くの注目を集めてきた、数々のポスターに色濃く反映されている。たとえばアメリカの日本研究者M・アイヴィが指摘したように、その最初期のポスターは、撮影地が明示されない匿名の「日本のどこか」で、流行のファッションに身を包んだ若い女性旅行者の姿が、ボケやブレの激しい写真によって表現されていた。

それは一見しただけでは何を宣伝しているのかわからないポスターであり、旅行の広告にもかかわらず旅先の地名が記されないか極めて小さな文字で記され、広告主の国鉄の名も小さな文字で入れられた程度の、「あいまいさ」を特徴とする独特な視覚表現だった。

ときにその「あいまいさ」を解読するヒントのようなコピーが、いくつかのポスターに付与された。たとえば「旅は　もうひとりのあなたを映す鏡」（一九七〇年一〇月）、「心には　何をきざもう」（一九七一年三月）、「目を閉じて…何を見よう。」（同年六月）など。このように最初期の「ディスカバー・ジャパン」のポスターには、旅先の観光名所ではなく旅人の心情を言語化したかのような、印象的なコピーが好んで使われていた。これは藤岡がたどりついたメインコンセプト「ディスカバー・マイセルフ」を具現化するための表現であり、少なくともキャンペーン開始から半年ほどの最初期の「ディスカバー・ジャパン」において旅先で「見つける」べき対象は、各地の名所や土産物などの観光資源ではなく、その旅を通じて再発見される「私」だったと考えられる。

ただし成相肇《なりあいはじめ》の考察によれば、「キャンペーン

3–5「ディスカバー・ジャパン」の広告の例（1970 年）
（藤岡和賀夫編著『DISCOVER JAPAN 40 年記念カタログ』）

の推移に沿ってヴィジュアルも変化している」といい、それはポスターの視覚表現、とくにコピーと写真の変化に顕著だという。

人々の話題をさらった感覚的デザインはごく初期のもので、コピーも写真も次第に現代的というよりはノスタルジックなものに変わっていく。これはおそらく国鉄側の意向を反映した変化だろう。[中略]スタートから半年はキャンペーン自体の印象付けに全力を挙げ、七一年の二月からを第二期と設定。この時期から具体的な商品の宣伝へと切り替えていく[後略]。
（成相・清水編、二〇一四）

やがて「ディスカバー・ジャパン」のポスターからは旅人の姿が徐々に消えはじめ、ボケやブレが印象的な写真も減り、そして「ディスカバー・マイセルフ」を誘う旅人の目線のコピーも消えていった。そのかわりに、旅先の魅力や名物を大写しにした鮮明な写真と数行にわたる説明文が付された「具体的な商品の宣伝」のためのポスターが増えていった。

そうして旅で「見つける」べき対象は「マイセルフ」から「ジャパン」になり、それもノスタルジックなまなざしを通じてみえてくる、「進歩」と「モーレツ」の高度経済成長期が置き去りにしてきた伝統的で地方色豊かな郷土文化が、その中心テーマになっていった。

いいかえれば最初期の「ディスカバー・ジャパン」では、その副題のとおり「美しい日本と私」が出会う旅、つまり「美しい日本」と出会うことで「私」を再発見する旅が提案されていた。このとき「美しい日本」と「私」は対等で自立した関係にあり、ここでいう「私」は流行のファッションを着た日本人女性にも、外国人の旅行者にも、その他の主体にも開かれていた。

しかし、この旅のかたちはあまりに解釈の「あいまいさ」が残り、わかりにくい。あるいは「美しい日本」と出会う旅ならば鉄道だけでなく、自動車や飛行機を使っても、「私」を再発見することが可能かもしれない。そこでキャンペーンの開始から半年後の「ディスカバー・ジャパン」は、旅人の目線から表現する匿名性の高いコピーを消すかわりにノスタルジックなまなざしを導入し、鉄道のローカル線で地方をゆっくり旅することで「失われた過去への旅」に誘う思考の様式へと、重心を移動させていった。

優しい「過去への旅」

このノスタルジックな旅を支えるまなざしには、過去を理想化することで現在を相対化し、失われたものを再発見することで現在の問題から解放されようとする、再帰的な浄化作用がある。そうして過去は、現在や未来よりも問題や悩み事が少ない、理想的な状況として想起される。過去は、わざわざ訪ねてきた「私」を、つねに温かく歓迎してくれる——失われた何かを再発見する「過去への旅」は、「未来への旅」や「現在の旅」よりも「私」を優しく迎え入れ、現在の「私」を癒してくれる、というノスタルジックな「鉄道の旅」がここに走り出す。

このとき「美しい日本と私」は、「美しい日本の私」に転換する。もはや「美しい日本」と出会う匿名の主体ではなく、むしろ失われつつある「美しい日本」へと再帰すべき「失われた日本人」としての「私」を再発見する、ノスタルジックな旅の思考様式が現れる。そのとき人は、ジャンボジェット機やスポーツカーではなく、あるいは新幹線でもなく、ノスタルジアのメディアとしての鉄道に乗るのである。なかでも蒸気機関車や単線のローカル線こそが、失われた「美しい日本の私」を再発見するという再帰的な旅にふさわしい。それは「ディスカバー・マイセルフ」を「ディスカバー・ジャパン」に包括させる、そして「私」を「日本」に再帰させる旅のかたちであり、鉄道の旅を宣伝する大規模キャンペーンにふさわしいメインコンセプトへの転換であった。あるいは「とんがった表現」の収斂だったかもしれない。

こうして様々な主体に開かれていた最初期の「美しい日本と私」の旅は修正され、失われつつある「美しい日本」という「ふるさと」を再発見し、そこへ再び帰るべき「日本人」としての「私」を回復するという、ノスタルジックな「美しい日本の私」の旅が浸透していった。

4　「アンノン族」は飛行機に乗らない

「いい日旅立ち」の構造

この「ディスカバー・ジャパン」キャンペーンは、開始から三年後の一九七三年一〇月に生じた第一次オイルショックのあおりを受け、不要不急の旅行を控える世論に応じるかたちで国鉄が「中止」を発表した(朝日一九七三年一二月一七日)。

だがオイルショックの余波が落ち着いた後、国鉄は再び電通・藤岡と組み、鉄道の旅を促進する新たなキャンペーンを企画した。それは一九七八(昭和五三)年の「いい日旅立ち」キャンペーンであり、その副題は「ディスカバー・ジャパン2」だった。

いわばオイルショックによる中断を経て、再び「ディスカバー・ジャパン」が帰ってきたともいえる「いい日旅立ち」キャンペーンだが、そこには独自の展開をみることもできる。たとえば人気歌手の山口百恵が歌ったヒット曲「いい日旅立ち」は、このキャンペーンのために作られたコンセプト・ソングであり、そこでは次のような旅のかたちが歌われていた。

ああ　日本のどこかに　私を待ってる人がいる
いい日旅立ち　幸せをさがしに　子どもの頃に歌った歌を　道連れに

（NexTone 許諾番号ＰＢ４４９９５号）

この有名な歌詞が鮮やかに表現するように、もはや「ディスカバー・ジャパン２」の旅をする「私」は、好き勝手に移動して「美しい日本」と出会うような、気ままな旅の主体ではない。むしろ「日本のどこか」で優しく「待ってる人」を探し求め、運命的に受け入れられるべき客体である。そしてここで目指される「日本のどこか」とは、最先端の流行が渦巻く東京ではなく、新幹線で数珠繋ぎにされた各地の大都市でもない。それは失われた伝統や習慣が残る地方であり、ローカル線を乗り継いでこそ訪ねることができる「ふるさと」であり、そこで「道連れに」なるのは、他ならぬ「子どもの頃に歌った」過去のメロディだった。

「ディスカバー・ジャパン２」を副題に持つ「いい日旅立ち」キャンペーンでは、最初期の「ディスカバー・ジャパン」で示された「美しい日本と私」ではなく、その後に軌道修正された「美しい日本の私」の旅のかたちが引き継がれ、さらにノスタルジックな鉄道の旅への欲望が加速されていたことがわかる。もはやそこに「あいまいさ」はない。

そうした一九七〇年代の二つの「ディスカバー・ジャパン」キャンペーンが描いた旅のかたちを共有し、独自の実践をみせたのが、同時代に出現したいわゆる「アンノン族」だった。

その名の由来とされる雑誌『an・an』は、「ディスカバー・ジャパン」と同じ一九七〇年、フランスの有名ファッション誌『ELLE』の日本版として創刊された。翌一九七一年には同誌を意識したライバル誌『non-no』が創刊され、若年女性をターゲットにした二つの雑誌は、最新のファッションに身を包んで国内を旅行する魅力を伝える旅行記事を毎号のように掲載していった。まもなく「アンアン」や「ノンノ」が紹介するファッションを着て、「アンノン」両誌が特集する旅先へ向かう若い女性の旅行者たち、すなわち「アンノン族」が出現したという。

とくに萩・津和野(山口県・島根県)、倉敷(岡山県)、永平寺(福井県)、そして妻籠《つまご》宿《じゅく》(長野県)などが「アンノン族」の人気を集め、それまで珍しかった女性のひとり旅やふたり旅が、これらの地方で目に見えて増えていったという。こうして後期以降の「ディスカバー・ジャパン」が提唱した「美しい日本の私」の旅は、「アンノン族」の出現によって身体を得て実体化され、上述した第三の特徴である社会的波及を実証してみせたことになる。

「ふるさと」のドレスコード

それではなぜ「アンアン」と「ノンノ」の読者たちは、ノスタルジックな鉄道の旅へ向かったのだろうか。そもそも上述した日本各地の「ふるさと」を好んで訪れるならば、わざわざ流行のファッションに身を包まなくてもよかったのではないだろうか。

ここで「ディスカバー・ジャパン」の旅のかたちを延伸すれば、ローカル線に乗って地方を旅する「アンノン族」は、失われつつある「美しい日本」とともに、そこで優しく受け入れられる「私」を再発見することを求めていた、と考えることができる。

このとき「美しい日本の私」の旅を高度に実現するためには、着慣れた日常服や着古した普段着は好ましくない。それでは日常の延長線上に旅があることになり、旅先で望むべき「私」は発見できない。むしろ「アンノン」両誌が提案する晴れ着のファッションに身を包み、雑誌が案内する旅のかたちを真剣に追体験することで、非日常の「美しい日本」と出会う本物の「私」を作り出すことが可能になる。それは結婚式や葬式に着ていく礼服と同様であり、そして貧乏旅行を好むバックパッカーがジーンズとTシャツを着るのに似て、「アンノン族」に特有なファッションは「自分探し」の旅のためのドレスコードであり、いわば制服でもある。そうして雑誌が紹介する流行のファッションを身にまとうことは「美しい日本の私」の旅を高次に実現するうえで、有効なプロトコル（儀礼手順）だったと考えられる。雑誌の旅行記事を参考にして、適切なファッションと訪れるべき「美しい日本」を選び、飛行機や新幹線やマイカーではなく鉄道を乗り継いで旅する行為のすべてが、「アンノン族」としてのレールを着実に走行するうえで欠かせないパフォーマンスだったのだ。

こうして「ディスカバー・ジャパン」キャンペーンは、同時代の「アンノン族」へ「美しい日本の私」を再発見する旅を提供した。その向かう先には、大自然や大都会ではなく、つねに優しく受け入れてくれる「美しい日本」の「ふるさと」があり、そこでは再発見されるべき「日本人」としての「私」が待っているはずだった。

いいかえれば山口百恵のヒット曲「いい日旅立ち」に歌われた、「日本のどこかに」いるはずの「私を待ってる人」とは、旅先で出会う人々ではなく、まして未知の他者でもなく、既知でありながら失われてしまった「私」自身だったのかもしれない。

このような「美しい日本の私」を求めるノスタルジックな旅に最適なのは、鉄道である。なかでもローカル線によるゆっくりとした移動性（モビリティ）のリズムこそが、見失われた「私」を「美しい日本」のうちに再発見させる「ディスカバー・ジャパン」の思考様式に適していた。そうすればきっと「美しい日本の私」の旅はうまくいき、「美しい日本」の「どこか」で私は

「私」に優しく受け入れられる。それゆえ「アンノン族」は飛行機には乗らなかった。

豪華で快適な「空の旅」

国鉄の「ディスカバー・ジャパン」が注目を集めた同時代に、飛行機はいかなる旅のかたちを提案していたのだろうか。たとえば国内線を専門とした全日空は、国鉄との直接のライバル関係にあったものの、「ディスカバー・ジャパン」のような大規模キャンペーンには手を出さず、むしろ正面から衝突せずにビジネス利用の客層を狙った宣伝活動に注力していた。

他方で日本航空は、「日航特選旅行」と銘打った宣伝キャンペーンを開始した。一九七二年一月三〇日の『読売新聞』に「ジェットでたずねる日本」と題した広告を掲載した同社は「見どころにはすべて、立ち寄ります」という意欲的な宣言に続き、次のように述べている。

そればかりではありません。味わい豊かな郷土料理や芸能も、ふんだんに盛り込みました。旅の楽しさが満喫できる豪華なスケジュール。みやげ話がたっぷりできます。目的地までは、日航ジェットでひと飛び。往復にムダな時間をとられませんから、一週間の旅でしたら七日間、あこがれの土地を見てまわれます。

「ディスカバー・ジャパン」と同時期の旅行広告でありながら、ここにはまったく異なるタイプの言葉が並んでいる。翌二月にも同じ「日航特選旅行」の新聞広告が掲載されているが、そこでも「豪華な旅をお楽しみください」「まず快適な空の旅から始まります」「すべてに充実した旅です」など、「ディスカバー・ジャパン」の真逆を狙ったかのような「豪華」で「快適」で「充実した旅」を謳っている(読売一九七二年二月二七日)。失われた「日本」も「私」も「再発見」もない空の旅では、まるで大阪万博がまだ続いていたかのようだ。

5　空港に吹く向かい風

航空各社の苦境

一九七三年一〇月、アラブ諸国とイスラエルのあいだで第四次中東戦争が勃発し、アラブ側の石油産出国が原油の輸出を停止した結果、第一次オイルショックが発生した。このとき国鉄が「ディスカバー・ジャパン」キャンペーンを中止したことは既にみた。同様に石油に由来する燃料を大量消費する航空産業も大きな打撃を受け、翌一九七四年には日本航空と全日空の両社ともに赤字経営へ転落し、事業計画の大幅な見直しを迫られた。そのため両社は一九七五年度と七六年度の二年連続して、客室乗務員の新卒採用を中止した。

ただし第一次オイルショックは、このころ航空会社が直面した難問の一つに過ぎず、一九七〇年代の航空界には、さまざまな向かい風や横風が吹きはじめていた。もちろん客室乗務員たちも、そうした風向きの変化から無関係ではいられなかった。

まず当時の航空界を苦しめた固有の問題として、多発するハイジャックがあった。飛行機の乗っ取りを意味するハイジャックは一九三〇年代から発生していたが、一九六八年ごろに世界中で急増し、一九七二年には合計で一〇八件を数えたという。およそ三日に一度の割合で、世界のどこかでハイジャックが起こっていたことになる。日本では一九七〇年三月三一日、共産主義者同盟赤軍派のメンバーが東京・福岡線を飛んでいた日本航空のB727・よど号を乗っ取り、ソウルを経由して平壌へ向かった「よど号事件」が、最初のハイジャックとされる。

その後もハイジャックは世界中で多発し、日本が関わる事件も一九七二年から七七(昭和五二)年まで毎年のように起こった。なかでも一九七三年七月二〇日発生の「日航北回り四〇四便事件(ドバイ事件)」、そして一九七七年九月二八日発生の「日航四七二便事件(ダッカ事件)」では、事件報道が長期にわたり、人々にハイジャックの恐怖を印象づけた。

同じころ、「ロッキード事件」が明るみに出た。その発端は、航空機の受注に苦戦していたアメリカのロッキード社が総額三〇億円を超える賄賂を、日本の総合商社や右翼活動家を介して国会議員や政府高官にばら撒いたことにあった。同社は新開発の旅客機L－１０１１「トライスター」を全日空へ、また戦闘機F－15と哨戒機P３Cを防衛庁(当時)へ、それぞれ売り込むことを画策した。当時の全日空は次期の主力機としてダグラス社のDC－10を選定していたが、日本政府の圧力によってロッキード社のトライスターの導入に転じた。同機は一九七三年一二月に全日空へ引き渡され、翌一九七四年三月から国内幹線で就航していた。

しかしニクソン政権の不正を調査するアメリカ連邦議会で、ロッキード社の幹部が日本の政治家への贈賄について証言した結果、日本でも捜査が開始され、全日空の社長と副社長など財界の関係者、さらには前内閣総理大臣の田中角栄をはじめとする政府側の関係者が逮捕され、戦後最大の汚職事件となった。

成田空港をめぐる闘争

このころ日本航空も、難問に直面していた。首都圏の国際路線を拡充する目的で建設されていた新東京国際空港(成田空港)の開港が大幅に遅れたため、国際線の人員と設備を羽田から成田へ全面移転する予定だった同社には、想定外の損失が積み重なっていたためだった。

東京の空の玄関を長らく務めてきた羽田空港には、そもそも滑走路が一本しかなかった。その処理能力には限界があるため、日本政府は羽田を国内線の専用空港に改め、国際線を発着させる新たな大型空港を首都圏に建設する計画を立てた。用地取得の容易さなどを考慮した結果、宮内庁が管轄する国有地「下総御料牧場《しもうさごりょう》」を中心とする千葉県成田市の三里塚《さんりづか》周辺を、新空港の建設用地として選定した政府は、一九六五年に新東京国際空港公団法を施行し、翌六六年七月に空港建設を担う新東京国際空港公団を設立した。

これに対し、翌八月には空港建設に反対する「三里塚芝山連合空港反対同盟」が結成された。ここには地元住民だけでなく、反対運動に賛同する各地の支援者や過激派運動家なども合流し、その運動は千葉県の一地域に留まらずに全国規模で展開されていった。そうして一〇年あまりの間に幾人もの死傷者を出して衝突を繰り返した三里塚闘争(成田闘争)が起こった。成田空港の建設には、その用地の選定過程の不透明さや、対話よりも圧力で建設反対派を抑え込もうとする政府の姿勢に批判が集まった一方で、空港用地における農業保護を建前にさまざまなイデオロギーを持ち込む一部の反対派にも人々から厳しい目が向けられた。加えて都心部から遠いこと、交通の便が悪いこと、闘争の結果またもや一本の滑走路しか建設できなかったことから、一九七八年五月に開港を迎えた成田空港をめぐる報道には冷めた論調が目立った。

さらに同年末以降、石油産出国が原油価格を段階的に引き上げ、翌一九七九(昭和五四)年二月にはイランでイスラム教を基軸とする新たな共和国の樹立運動(イラン革命)が起こり、日本への原油供給が停滞して第二次オイルショックが発生した。六年前の第一次オイルショックほどの混乱は生じなかったが、しかし燃料の高騰により航空各社は再び苦しい経営を迫られた。

組合の季節

とくに日本航空の場合、変化を求める風は内側からも強く吹いていた。同社には、会社の設立と同じ一九五一年に結成された「日本航空労働組合」を嚆矢《こうし》として、パイロット、地上職、そして客室乗務員などの職域ごとに分かれた組合が複数あり、それぞれの立場から会社経営陣と交渉し、ときにスト決行も辞さない労働運動で知られていた。これに対して会社側は、経営陣と協調して航空事業を円滑に推進する路線をとる「日本航空新労働組合」を一九六五年に設立させ、同年に「日本航空労働組合」から分裂した「日本航空民主労働組合」と一九六九年に合流し、「全日本航空労働組合」を結成する動きを後押しした。こうして一九七〇年代には会社側との協調路線を優先する「第二組合」と複数ある自主系組合のあいだに軋轢が生じ、さらに後者のなかでも路線の対立がしばしば発生したため、ストによる欠航や遅延が頻発した。

このうち客室乗務員組合の組織率は九九％を誇り、スチュワーデスのほぼ全員が組合に加入して給与水準の上昇、休暇日数の増加、空港送迎のハイヤー代や制服のクリーニング代などの支給を求めて労働運動を展開していったという(日本航空客室乗務員組合編、一九九五)。同じころ海の向こうでも経営陣と闘うスチュワーデスたちがいた。たとえばアメリカ大手のトランスワールド航空では、二児の出産後に現場復帰を希望した客室乗務員P・チュエンズと、同氏の再雇用を拒む経営陣のあいだを労働組合が仲介し、待遇改善をめぐる交渉が重ねられた。一九七二年、同社は女性の客室乗務員だけに課されていた結婚や出産による退社の条件を撤廃し、さらに育児を支援する制度の新設を約束した。

また同時期には、「太り過ぎ」を理由に解雇や配置転換されたノースウェスト航空の女性客室乗務員たちが会社を訴えた。アメリカの連邦地裁は原告の主張を全面的に認め、性別にかかわらずすべての客室乗務員は同等の待遇を受けるよう、雇用制度の改善を会社に求めた(読売一九七四年四月七日)。これと同様の訴訟は、同じく一九七四年の日本でも起こった。原告は、フランスのエール・フランスに勤める日本人の客室乗務員であり、東京地裁は解雇権の濫用を認め、同社に解雇の無効を言い渡し、原告の勝訴となった。こうしてウーマン・リブといわれる女性解放運動の流れが、アメリカや日本を含む世界各地で沸き起こっていた。

翌一九七五年にはアメリカの客室乗務員組合SFWR(Stewardesses For Women's Rights, 一九七三年設立)の幹部E・リッチが、日本の客室乗務員たちとの連携のために来日した。リッチたちの組合は、性差別を助長する「スチュワーデス」と「スチュワード」の呼称を廃止し、「フライト・アテンダント」に統一することを連邦政府に働きかけて実現した実績を持つ全米組織だった(読売一九七五年二月二五日)。アメリカにはSFWRをはじめとする会社横断型の客室乗務員組合が複数存在したが、その多くが女性解放運動の団体として、黒人解放運動や先住民権利回復運動など同時代のマイノリティ・グループとの連携に積極的だった。

公民権運動と労働運動

SFWRなどの活動は、単なる女性の客室乗務員の待遇改善に留まらず、女性を含む人間一般の権利を差別や不平等から解放するための、公民権運動の一翼として考えられていた。人間が人間らしく生きるための権利、つまり人権を確立する運動として、これらアメリカの客室乗務員たちの組合活動は位置付けられ、それゆえに広範な連携と支持を得ていた。

そのような公民権運動としてのウーマン・リブの潮流は、日本の状況とどのように関係を取り結んだのだろうか。たとえば日本航空は一九七四年九月、女性客室乗務員だけに課していた「未婚条項」を撤廃し、希望者は結婚後も客室乗務員の仕事を続けられるよう、労働条件を改正した。ここには労働組合からの働きかけもあったが、経営側の人材確保の意図も作用していたと考えられる（朝日一九七四年九月一二日）。その二年後の一九七六年一二月の記事によれば「この一年に結婚してやめる人とそのまま残る人はほぼ半々」になったという（朝日同月三一日）。

しかし「未婚条項」を廃止した日本航空でも、妊娠すれば退職か配置転換を余儀なくされる「出産条項」の撤廃までには、さらなる年月が必要だったという。一九七九年六月の国会で、日本航空の女性客室乗務員には既婚者が増えたが「子持ちは一人もいない」という問題が取り上げられると、世界の潮流から立ち遅れた日本の航空界に対し、多くの批判が寄せられた。そうして一九八〇（昭和五五）年三月に日本航空は「出産条項」を廃止し、あわせて「資格失効年齢」も撤廃した。かつて女性の客室乗務員は三〇歳で定年となり、飛行機を降りねばならなかった。一九七〇年代には段階的に引き上げられていたが、それでも廃止直前の定年は四〇歳だった。なお、妊娠と出産を経て、客室の現場に復帰する「ママさんスチュワーデス第一号」が誕生したのは一年後の一九八一（昭和五六）年六月であり、アメリカよりも一〇年あまり遅れていた（毎日一九八一年六月一三日）。

「女性の職場」

こうした結果をみれば、先述したアメリカ発の公民権運動としてのウーマン・リブの潮流が、同時代の日本の航空界に十分浸透していったとはいいがたい。その理由はさまざまに考えられるが、日本の客室乗務員の組合活動は、差別の撤廃を目指す人権問題ではなく、女性労働者の待遇改善を目指す労働運動の色彩が強かったことが深く影響している。加えてアメリカのような複数の会社を横断した連携は珍しく、会社ごとの組合、もしくは単独の組合ごとに会社経営陣と労使交渉をおこなう慣習がある日本では、「人間」よりも「女性」、そして「女性」よりも「客室乗務員」の権利に焦点が置かれ、さらに男性中心の組合組織での「協調」も必要なことから、ジェンダー差別の是正を客室乗務員の組合活動の主軸に据えることは難しかった。

そのため女性社員だけに課されていた「未婚条項」や「出産条項」は撤廃できたが、男女間の賃金や待遇の格差是正は運動の焦点にはなり難かった。これは航空界だけの問題ではなく、会社や職能ごとの単組による労使交渉を基本とする日本の労働運動では、女性など少数派の権利の解放よりも、ベース・アップなどすべての労働者の待遇改善こそが中心的テーマになりやすかったことが背景にあった。

しかし女性が活き活きと働ける職場と、性差別や人権侵害の無い職場は、同義ではない。場合によっては性差別が温存されながら、女性が中心的な役割を果たす職場もあり得る。それは単に男性が少ない、あるいはほとんど存在しない「女性の職場」なのかもしれない。

たとえば日本航空は一九七四年度を最後に、男性客室乗務員の採用を停止していた。一九八三(昭和五八)年には「客室系総合職」として復活するが、採用された男性社員たちは一定の現場経験を積んだ後、女性客室乗務員たちの業務管理や客室における新サービスの開発を担当する部署へ「上がって」いった。一九七四年以前にスチュワードとして採用され、後に客室業務を管理するパーサーになった男性の客室乗務員は、少数ながら客室の現場に残ったものの、一九七〇年代の末には全体の一割に満たない少数派になっていた。他方で全日空をはじめとする他の日系航空会社も日本航空と同様に女性の客室乗務員を増員していったため、結果として一九八〇年代の日本の客室は、それまで以上に「女性の職場」になっていったといえる。

こうした環境のもと、日本の客室乗務員は欧米とは異なる新たなイメージを自ら見出し、そして主体化していった。それは現在に通じる重要なイメージの転換点でもあるため、次に一九八〇年代の日本の客室乗務員の新たな展開についてみてみたい。

4 章

1983–93 年

見出された「任務《mission》」

接客マナーと「自分磨き」

スチュワーデス物語

S.58.10.18～
S.59. 3.27
PM8:00～8:54
火曜　全23回

直木賞作家・深田祐介の「スチュワーデス物語」をドラマ化したこの作品は19歳の少女がパイロットだった亡き父の後を継いで、スチュワーデス試験に合格してから厳しい訓練に耐え、大空に飛び立つまでを克明に追いながら、同期の訓練生たちの青春をドキュメンタリー・タッチで描いた一種の根性ドラマとも言うべき作品である。

スチュワーデスものといえば同じTBSでその昔『アテンションプリーズ』という名作ドラマがあったが、あの当時は『サインはV』『アタックNo.1』などのスポ根ものを受け継いだ作品が多かったが、このドラマはそうした要素のほかに伏線としてメロドラマ手法を用い、たんに訓練生たちの姿を描くに留まらなかった。

ヒロインの訓練生・松本千秋には当時まだデビュー二年目ではあるものの、早くもアイドルスターとしての地位を確立していた堀ちえみが起用され、のちのフジ『スタア誕生』での主演への足がかり

50

テレビドラマ『スチュワーデス物語』主演の2人(TBS・大映テレビ，1983年)(『テレビジョンドラマ』1985年9月号より)

1 「訓練センター」と職業意識の高まり

辞めないスチュワーデスたち

第一次オイルショックの影響から二年連続して客室乗務員の新卒者採用を中止した日本航空と全日空は、一九七七(昭和五二)年度の採用から募集を再開したが、このころ両社の客室乗務員たちの様子が少しずつ変化していったという。なかでも日本航空では退職者が減少し、在職年数が延びていく傾向が顕著になっていった。

たとえば一九七二(昭和四七)年度には一年間で約三〇%もの客室乗務員が退職したが、その割合は五年後の一九七七年度に一三%、そして一九七九(昭和五四)年度には九%まで低下した。そして一九七〇年代の初頭には平均して三年程度だった在職年数も、一九七九年度には四年六か月まで延び(読売一九八〇年八月六日)、一九八〇年代の初頭には五年を超えたという。こうして「辞めないスチュワーデス」が増え続けたため、航空各社は新規採用枠を縮小するかわりに、現役の客室乗務員たちの力を活用する方向へ舵を切った。

なぜ一九七〇年代の後半から、客室乗務員たちは長く飛ぶようになったのだろうか。それは前章でもみたように一九七四(昭和四九)年に「未婚条項」が撤廃され、結婚後も退職を強いられずに勤務できるようになったことが大きいと考えられる。また一九七〇年代を通じて昇進制度が徐々に改正され、客室業務の責任者であるチーフ・パーサーを頂点とする役職に、女性の客室乗務員が就けるようになったこと、その反対に男性の客室乗務員が一九七五(昭和五〇)年度以降は採用されなくなったことなども作用していた。

こうした制度上の変化とともに注目すべきは、「辞めないスチュワーデス」たちの意識の変化である。たとえばこのころから客室乗務の仕事に自信と愛着を抱き、それを自らの言葉で主体的に語り、さらに退職後の人生でも積極的に活かそうとする客室乗務員たちが多数、現れるようになった。いわゆる結婚までの「腰かけ仕事」ではなく、自ら選び取った専門職として、そこに高度な職業意識を育む客室乗務員が増えていったともいえる。そうした意識の変化が、退職者の減少と在職年数の延伸という数字に反映されたと考えられる。

すると「辞めないスチュワーデス」たちの職業意識は、どのように醸成されていったのだろうか。それを考えるうえで鍵となるのは、一九七〇年代後半の募集再開後における採用基準の変化と、そのころ拡充された「乗員訓練センター」の役割である。

採用基準の大幅改定

上述したように一九七六(昭和五一)年、まずは全日空が、続けて日本航空がそれぞれ客室乗務員の採用を翌年度から再開することを発表した。このとき両社の採用枠は中止直前と比べれば大幅に削減され、さらに応募条件も変更された。たとえば日本航空の場合、身長一五七センチ以上、体重四八キロ以上という条件が削除され、「身長、体重のバランスがとれた健康な女性」という表現になったという(読売一九七六年一〇月一六日)。一九七〇(昭和四五)年に就航したジャンボジェット機の国際線は、倍増した乗客たちを乗せて長時間飛行するため、その巨大な客室での機内サービスは桁違いに複雑な作業手順と対応能力を必要とする過酷な仕事となった結果だった。とくにジャンボを主力機として導入し続けた日本航空では、国際線の激務に耐えうる人材の確保が求められた。

こうした方針の転換は、応募条件の変更に留まらない。たとえば同年の日本航空の採用試験では、筆記による一次試験を通過した応募者が羽田の体育館に集められ、「反復横跳び」「ジャンプ力」「上体起こし」などの六項目について検査された。「体力はAからEまでの五段階のうち、平均のC以上でないと他の試験がどんなに良くても不採用」とされたため、このとき一次通過者の約二七％が「体力不足ではねられ」たという（読売同年一一月二〇日および朝日一九七七年二月四日）。

体力重視の方針転換が知られるようになったためか、新卒採用とは別に中途採用の枠を増やして即戦力を求めた日本航空では、警察官や看護師などから転身する社会人経験者も現れはじめたという（朝日一九八三年六月二四日）。中途採用の枠は年々増加し、一九八〇（昭和五五）年には年二回だけ実施していた募集方式を改め、通年で常時募集するようになった（読売一九八〇年二月一五日）。そうして一九七〇年代末までに体力重視の採用基準が定着し、加えて一九八〇年代には新卒と既卒の採用枠が拮抗するようになった結果、それまでとは比較できないほど多種多様なバックグラウンドを持つ新人たちが、客室乗務員の訓練センターに集まるようになった。

「見つける採用」から「育てる採用」へ

こうした変化に対応するため、「空飛ぶ日本館」を自任してきた日本航空では、国際線の高度な機内サービスを担うことができる客室乗務員の育成こそが重要課題となった。いいかえれば、ばらばらな訓練生たちを徹底的にトレーニングして、一人前の「日航スチュワーデス」に育て上げる新たな研修制度が必要とされた。その課題に応えたのが「乗員訓練センター」であり、いわゆる優秀な若者を「見つける採用」から「育てる採用」への方針転換を支えるため、さまざまな訓練カリキュラムの開発が試みられた。

たとえば「訓練センター」に設置されたジャンボの実物大模型を使用して、緊急時の乗客誘導や脱出手順をはじめとする安全管理の技能講習が整備され、分厚い教則本の暗記と多数の実技試験が課された。また飲食の提供や免税品の販売など機内サービスも拡充するため、客室乗務のベテラン社員たちから現場で必要となる実践的なスキルが教育された。さらに日本航空では、国際線のトレードマークである「着物による機内サービス」を担うため、機内の狭いトイレで制限時間内に一人で着付けを完了できる技能をはじめとして、挨拶や言葉遣いなどの接客マナー、機内アナウンスの実技、高齢者や子どもの乗客への特別な対応、そして基本的な英会話などを習得するカリキュラムが続々と開発され、研修に取り入れられていった。

全国から採用された多様な訓練生たちは、長時間の座学と実技講習を日課とし、毎週月曜の試験をはじめとする数多のチェックポイントを乗り越えて、「日航スチュワーデス」への道程を完走することが求められた。「見つける採用」から「育てる採用」への方針転換は、緻密な訓練カリキュラムに裏打ちされた「訓練センター」の拡充によって支えられていた。

ただし研修の内容が充実していく一方で、その期間は少しずつ短縮されていった。たとえば日本航空が「訓練センター」を開設した一九七〇年には「予備訓練、専門訓練、OJT〔実地訓練〕を合わせて約六か月」だった研修期間は、「一九七二年に四・七〜四・九か月に短縮され、ついで一九七五年には、予備訓練が廃止されて」四・三か月になったという（日本航空編、一九八五）。ここには一日でも早く新人を現場へ送りたいという経営上の判断もあったはずだが、他方で研修期間を短縮しても問題が生じないほどに訓練カリキュラムが高度化していった、自前の研修制度への信頼があったことも見逃せない。

そうして日本航空の「訓練センター」は、不揃いな採用内定者たちを集中的に特訓して短期間で一人前の「日航スチュワーデス」に育て上げる、全寮制の専門職訓練施設になった。

これは2章でみた、アメリカの航空会社が戦前から戦中にかけて整備した「軍隊式の新兵育成」モデルと同じであり、四半世紀も遅れて日本に導入されたともいえるが、その結果からは思わぬ副産物が生まれた。すなわち「見つける採用」で厳選された前の世代よりも、「育てる採用」で厳しく訓練された新しい世代のほうが、その仕事に対する愛着が格段に強くなり、結果として客室乗務員の勤続年数は年々延び、先述した「辞めないスチュワーデス」が増加していったということである（朝日一九七五年九月二五日）。

このように一九七〇年代の後半から一九八〇年代にかけて、客室乗務員たちのイメージは大きな変化を迎えた。もはや少数の「容姿端麗」で「英語堪能」な「良家の才媛」ではなく、また日本の翼を担う「責務」を背負って客室で奮闘する「着物姿の客室兵」でもなかった。かつて「雲の上の存在」だった客室乗務員は、年間一〇〇〇人規模の大量採用の時代を経て大衆化し、また体力と健康を重視した採用基準の導入と中途採用枠の増加によって多様化した結果、「訓練センター」での厳しい研修によって育成されるべき「原石」たちになった。

いいかえれば、「訓練センター」で鍛え上げられ、客室の現場でさらに磨きかけられた「原石」たちには、やがて一人前の「日航スチュワーデス」という「宝石」として光り輝くことが期待された。そうして新しい世代に芽生えた独特な職業意識は、客室乗務員をめぐるイメージを自ら改編し、新たな主体像を生み出す推進力となっていった。

新制服に対する批判

客室乗務員たちの意識の変化は、このころ新調された制服に対する姿勢にも表れていた。まず日本航空は、ミニのワンピースをシンボルとする一九七〇年の制服を改め、半そでのワンピースにジャケットを組み合わせた、落ち着いた印象のアンサンブルの制服を一九七七年に採用した。これは森英恵による三作目の同社制服であり、「ヒザ上二十センチだった超ミニは、ヒザ下十五センチのロング」のスカートに変更され、「スチュワーデスの要求」に応える一方で「集団美」を表現するデザインが採り入れられたという(読売一九七七年四月二九日)。

翌一九七八(昭和五三)年には、全日空も客室乗務員の制服を一新することを発表した。ロッキード事件の記憶を払拭するため、ロッキード社製のジェット機トライスターからボーイング社のジャンボへの乗り換え計画に着手した全日空では、その一号機の就航にあわせて翌年一月から新しい制服を導入した。それは日本航空と同じくロングスカートとジャケットの落ち着いた制服であり、それまでの若々しさや華やかさよりも安心感と信頼感を大切にした三宅一生《いっせい》のデザインだった。当時の新聞報道によれば、大手航空二社がそろってロングスカートを採用した背景には、長引く不況でミニスカートが流行遅れになったこと、またウーマン・リブの波が日本の航空界にも届いたこと、などが挙げられている。

しかし新しいロングスカートの制服は、着用した日本航空の客室乗務員の「十人のうち九人までに不評」だったという。一九七七年一二月三日の『毎日新聞』によれば、同社の取材に答えた「組合幹部のスチュワーデス」は、ロングスカートとジャケットの新制服を着用したところ「通気性がないうえ汗を吸わない。夏冬兼用なので南方地域では暑くてたまらないし、仕事着として機能的でない」と苦言を述べ、旧制服を惜しむコメントを寄せている。これに対し、デザイナーの森英恵は「このユニホームは客室乗務員組合のスチュワーデスのみなさんと意見を交わしながら一年以上かけデザインしたもので、いまごろそんな不満が出るとは心外です」と反論した。新しい制服を実際に着用して長時間の労働をおこなう客室乗務員たちは、見栄えよりも動きやすさを重視していたようだ。つまり「仕事着として機能的」であることが第一の条件であり、最高級の生地で仕立てられたアンサンブルの新制服は不適格と評価された。

このような職業意識を抱いた新しい世代の客室乗務員たちにも支えられ、日本航空はオイルショックに喘《あえ》いだ一九七〇年代の半ばから一転して、年々業績を上昇させていった。やがて同社は一九八三(昭和五八)年、はるか上空を飛んでいたはずのパン・アメリカン航空(パンナム)を追い抜き、ついに国際線定期輸送実績で世界一位となった。日本の翼が世界一を獲得したニュースは国内で大々的に報道され、人々の注目を集めた。

その同じ年、現役の客室乗務員たちの職業意識をさらに鼓舞し、他方では日本中でその「原石」になることへの強い憧れを喚起するような、記念碑的なテレビドラマが放映された。それは日本航空の全面協力によって制作された『スチュワーデス物語』である。このドラマが創出した客室乗務員のイメージと、その社会的反響について次にみてみたい。

2 『スチュワーデス物語』の世界

伝説のテレビドラマ

『スチュワーデス物語』は一九八三年一〇月一八日から翌一九八四(昭和五九)年三月二七日までの半年間、TBS系列が毎週火曜日二〇時から一時間の枠に放送した、全二二話のテレビドラマである。同作品のあらすじは、ジャンボジェット機の機長だった亡き父を慕い、空の仕事に憧れを抱く主人公の松本千秋が、さまざまな苦難を乗り越えて客室乗務員になるまでの道程を描いた成長物語だった。高校卒業後に「スチュワーデス予備校」へ一年通い、辛うじて客室乗務員の採用試験に合格した松本には、「訓練センター」での厳しい研修が待っていた。不器用な松本は多くの難題に直面しつつ、同期の訓練生や教官に応援されて訓練の日々を過ごしていく。さらに空の仕事に無理解な義父や恋敵からの試練にも耐えて、一人前の「日航スチュワーデス」として「訓練センター」を巣立っていく過程を描いた青春ドラマだった。

その松本千秋を演じた堀ちえみは、前年にデビューしたばかりの、そしてドラマの撮影時はまだ一六歳の、新人アイドルだった。初出演ながら初主演に抜擢され、しかも三歳上の設定の

4-1　『スチュワーデス物語』DVD
（エイベックス・ピクチャーズ, 2004年発売）

主人公を体当たりで演じた堀は、肩に力の入ったせりふの言い回しや大げさな仕草を劇中で繰り返した。その堀の「くさい演技」は注目を集め、なかでも自分を「ドジでノロマな亀」と卑下する主人公のせりふは話題になった。

　そもそも『スチュワーデス物語』は、不遇な主人公が刻苦勉励して成長することを特徴とする「大映ドラマ」シリーズの一つとして制作されたが、その若すぎる主演アイドルの未熟な演技と物語の陳腐さから、制作の現場では番組の不発を懸念していたという。だが同作品は放送回を重ねるごとに視聴率を上昇させ、予想外の人気を獲得していった。そこには堀の「くさい演技」が注目を集めたことにくわえ、日本航空の全面協力によって使用された本物の制服や訓練センターや寮などがドラマにリアリティを与えたこと、また同年に公開されたハリウッド映画『フラッシュダンス』の主題歌を日本人歌手の麻倉未稀が歌ったオープニング・ソングが大ヒットしたことなども影響していただろう。そうして全話の平均視聴率は二〇%の大台に達し、その数字以上に時代を象徴するドラマ作品として語り継がれるまでになった。

「学園ドラマ」と恋愛物語

ここでは『スチュワーデス物語』の物語構造に着目して、人気の理由を探りたい。その第一に、堀の「くさい演技」を下支えした、物語の舞台設定が注目に値する。たとえば同作品の第一話は主人公の「訓練センター」への入学にはじまり、その最終話は「訓練センター」からの卒業で幕を閉じる。つまりこのドラマは「スチュワーデス物語」ではなく、「スチュワーデス・・・訓練生物語」であり、客室乗務員の本来の職場である旅客機の客室ではなく、その「訓練センター」を舞台にした、いわゆる「学園ドラマ」の設定で制作されていた。

そして第二に、物語は二本の太い軸をめぐって、あるいは二本しかない軸を交互に描くことで、シンプルかつスピーディーに展開していく構造を持っていた。そのうち一本の軸は上述した主人公の成長であり、どこにでもいる「ドジでノロマな亀」の冴えない主人公が厳しい訓練の果てに憧れの「日航スチュワーデス」に育っていく軸である。もう一本は、その主人公と担当教官の村沢浩(風間《かざま》杜夫《もりお》)の間に芽生えた恋愛物語であり、村沢の婚約者が試みる数々の嫌がらせや試練に耐えた主人公の松本が、最後に村沢へ告白するまでの軸である。
この成長と恋愛の二本の軸は、最終話で一つに結ばれる。ただし松本と村沢は抱擁もキスもせず、「訓練センター」を卒業する松本が客室乗務の現場経験を重ね、やがて「かっこいいスチュワーデス」に成長した果ての再会を約束する、次のラストシーンで物語は終わる。

松本　松本千秋、ジャンボで世界の空を飛びまくります。精一杯、飛んで、飛んで、飛んで、そして……
村沢　どうした。
松本　はい。飛んで、飛んで、飛んで、思い切って、教官の胸のなかへ飛び込んでもいいでしょうか。
村沢　俺の胸のなかに？
松本　はい。
村沢　いいよ。がっちり、うけとめてやるよ。
松本　ありがとうございます。教官。（一礼）松本千秋、がんばって、かっこいいスチュワーデスになります。
（『スチュワーデス物語』最終回「さよなら!!」より）

こうして成長の軸は恋愛の軸に回収され、物語は完結する。じつに単純明快な「学園ドラマ」であり、ある意味で退屈なほど単線的な構造を持つ物語だが、しかしここには一九八〇年代の客室乗務員をめぐるイメージの結晶化と、それを支持した社会的な欲望の発露をみることができる。それを明らかにするためには『スチュワーデス物語』とよく似た物語設定を持つ、もう一つのテレビドラマと比較することが有効だろう。

二つのスチュワーデス・ドラマ

そこで着目したいのが、一九七〇年のテレビドラマ『アテンションプリーズ』である。こちらは同年の八月二三日から翌一九七一（昭和四六）年三月二八日までの七か月間、映画会社の東宝が制作しTBS系列が放送した全三二話のテレビドラマであり、日曜日の一九時三〇分から三〇分間の番組だったため、放送回数は『スチュワーデス物語』よりも一〇話多い。なおこの時間枠では、バレーボールの人気マンガを実写化した「スポーツ根性（スポ根）」ドラマの名作『サインはV』が直前まで放送されていた。そのため『アテンションプリーズ』は、『サインはV』で人気を博した「スポ根」路線を継承する後続番組でもあった。

そのあらすじは、佐賀の山奥にある神社の娘である主人公・美咲《みさき》洋子（紀比呂子《きのひろこ》）が客室乗務員に憧れて上京し、やはり「訓練センター」で一人前の「日航スチュワーデス」に成長していく過程を描いた物語だった。厳しい研修の数々、ライバルとの確執、同期生との助けあい、そして教官との恋愛関係を描いた『アテンションプリーズ』は、一三年後の『スチュワーデス物語』と酷似した物語であり、日本航空の協力で実物の制服や施設を多用した点も同じだった。

ただし一九七〇年の『アテンションプリーズ』と一九八三年の『スチュワーデス物語』を比較すると、物語の主軸と主人公の性質という二点に際立った違いがみえてくる。

第一に、『アテンションプリーズ』では全三二話のうち半分（一六話）が『スチュワーデス物語』と同様に「訓練センター」における「学園ドラマ」にあてられるが、他方で後半の一六話では訓練を修了して「日航スチュワーデス」になった主人公が、ロンドン、パリ、ローマ、サンフランシスコ、そしてハワイなどを飛び回って大活躍する「冒険ドラマ」が活写される。このような国際線の「日航スチュワーデス」たちが空を飛び、世界中の都市を闊歩して自由を謳歌する様子は、一九八三年の『スチュワーデス物語』ではまったく描かれていない。

そして『アテンションプリーズ』の最終話では、「日航スチュワーデス」のエース的存在にまで成長した主人公が、カナダで開催される「国際スチュワーデス会議」の日本代表の候補者に選出される。このとき主人公は、「訓練センター」からのライバルだったもう一人の候補者に日本代表の座を譲り、自らは与えられた通常の仕事に専念することを選ぶ。これをきっかけに両者は固い友情を誓い、「日航スチュワーデス」の頂点を極めた主人公はラストシーンで次のように独白する。「そうよ、空は私たちのもの。私は、スチュワーデス」。

このように一九七〇年の『アテンションプリーズ』では、「訓練センター」における「学園ドラマ」と世界を駆け巡る「冒険ドラマ」が、前半と後半で半分ずつ描かれていた。それは全話を「訓練センター」での「学園ドラマ」に費やした一九八三年の『スチュワーデス物語』よりも、じつに「スチュワーデスの物語」であった。

4-2　テレビドラマ『アテンションプリーズ』(TBS・東宝，1970年)(読売1970年8月23日)

この二つのスチュワーデス・ドラマにみられる違いは、主人公の性質において、より明白に現れる。一方の『アテンションプリーズ』の主人公は、高校時代に卓球選手として国体で優勝し、日本一を達成した輝かしい経歴を持つ、ハキハキとした性格の明朗なリーダー格として描かれている。他方で『スチュワーデス物語』の主人公は、際立った経歴も持ち合わせていない。むしろ、日本中のどこにでもいる「不器用な女の子」(劇中の台詞)が、厳しい訓練と教官への恋愛感情によって精錬されていき、なんとか「日航スチュワーデス」に育っていく姿が描かれている。

『アテンションプリーズ』が国際的に活躍する「スチュワーデスの物語」だったとすれば、全編を「訓練センター」での出来事に費やした『スチュワーデス物語』は、他ならぬ「わたしの物語」であったといえる。

「わたしの物語」への共感

この「スチュワーデスの物語」と「わたしの物語」という違いは、ドラマ『スチュワーデス物語』の人気を理解するうえで重要な鍵となる。とくに「ドジでノロマな亀」が厳しい訓練を経て「一人前」に成長していくという「わたしの物語」にとって、主人公を演じた一六歳の堀ちえみの「くさい演技」は、見事なまでに合致していたと考えられる。

そうして「テレビ業界では「幼稚でばかばかしい」「時代錯誤」といった声が少なくなかった」とさえいわれた同番組の視聴率は、初回の一七・四%から回を重ねるごとに上昇していき、

「最終週には三〇％にもなった」という（読売一九八四年八月一〇日）。加えて放送された半年間で一〇万通を超える手紙がテレビ局に届き、番組が終了した翌週にあたる一九八四年四月三日の『読売新聞』には、次のような視聴者の投稿が掲載された。

「スチュワーデス物語」は二十七日終わったが、本当に楽しかった。支離滅裂な筋立て、突拍子もないセリフ、学芸会的な演技と、普通ならマイナスになる要素ばかりなのに、それらがかえって魅力になる不思議なドラマだった。何事にも精いっぱいぶつかる主人公千秋に夢と勇気を与えてもらった。

『スチュワーデス物語』に熱中した大勢の視聴者たちは、主役の「くさい演技」や古風な恋愛関係に嘘くささを感じつつも、むしろそれゆえに純化されて理想化されていくファンタジーとしての「わたしの物語」を共有し、半ば笑いながら半ば共感して、「ドジでノロマな亀」の成長記を自分の物語として享受していたのではないだろうか。

いいかえれば、わたしが「一人前のスチュワーデス」になる過程を描いたのが一九七〇年の『アテンションプリーズ』とすれば、その反対にスチュワーデスになることで「一人前のわたし」になる過程を描いたのが一九八三年の『スチュワーデス物語』だった。それゆえ前者とは対照的に、後者が「訓練センター」における研修期間だけでドラマの全編を貫いたのは正解だったといえる。厳しいトレーニングの数々が「わたし」を待ち受けている「訓練センター」こそ、そうした「わたしの物語」の舞台として、最適だったからである。

『アテンションプリーズ』が放送された一九七〇年は、ミニのワンピースの新制服を着用した客室乗務員が登場した年であり、客室乗務員の採用枠は拡大しつつあったが、まだまだ憧れの職業だった。しかし年間一〇〇〇人あまりの新人を大規模採用した一九七〇年代の半ばを境に、そして「見つける採用」から「育てる採用」へ方針を転換した一九八〇年代に入ると、客室乗務員のイメージは大きく転換した。もはや「容姿端麗」な「良家の才媛」ではなく、たとえ「ドジでノロマな亀」であっても、「訓練センター」の厳しい研修で磨かれ、見事に修了して国際線に搭乗できれば「一人前のスチュワーデス」になることができる。そこには「憧れの職業」に就くというよりも、「憧れの自分」になる、という考え方があり、そのチャンスは全国の「原石」たちに開かれていた。

こうした『スチュワーデス物語』が鮮やかに描いた「憧れの職業」から「憧れの自分」への転換は、テレビドラマの世界だけでなく、同時代の客室乗務員たちの現場でも、そして客室乗務員を退職した「元スチュワーデス」たちの活動の場でも、さまざまにみてとることができるため、その事例を次にいくつかみてみたい。

3 「感性の訓練」という「任務」

接客マナーの専門家

『スチュワーデス物語』の放送終了後、ドラマで描かれた「訓練センター」の新人研修のエッセンスを集約して切り売りするかのような、新しいサービスが販売された。それは日本航空による「マナー研修」の派遣講座であり、現役の国際線客室乗務員や「訓練センター」の教官を務める同社の社員を派遣し、「あいさつ、表情、身だしなみ、言葉遣い、態度の五つ」の接客マナーを指導する研修プログラムだった(朝日一九八六年六月七日)。

これに手応えを得た日本航空は、一九八五(昭和六〇)年七月に専門の子会社「JALコーディネーションサービス」を設立した。すると月平均で五〇件の申込があり、一九八六(昭和六一)年の「三月、四月の新入社員研修シーズンは、計一五〇件」の予約が殺到し、「五〇人の指導員をフル動員しても追いつかないほど」の盛況をみたという。教官役の「日航スチュワーデス」が二人派遣されるサービスの料金は一日コースで一二万円、二日では二四万円と高額だったが(朝日同年五月二九日)、四年後の一九八九(平成元)年には一四〇人の「教官」が在籍しても間に合わないほどの需要を集めたという(読売一九八九年四月七日)。

このころ日本航空は、海外への出張や旅行で困らないように「日航スチュワーデス」が「レストラン、ホテル、町なか」などでのマナーを説く指南書『JALスチュワーデスのトラベルマナー&アドバイス』を出版し、やはりマナーの達人としての「日航スチュワーデス」を宣伝することで、同社の人的資源を活用する事業に乗り出している。もちろんこうした日本航空の事業展開には、客室乗務員の再就職先を確保することで経営の合理化を図る会社側の算段もあったと考えられるが、他方で「日航スチュワーデス」が伝授するマナーに対して人気と需要が集まっていた社会的状況も見逃せない。そうして一九八〇年代、とくに『スチュワーデス物語』以降の客室乗務員たちは、厳しい訓練と国際線の実務で磨かれた高度な接客スキルを身に付けた、いわゆる「マナーの専門家」としてのイメージを獲得していった。

一〇年前の「マナー不足」批判

しかしこれより一〇年ほど前の新聞報道では、およそ真逆の厳しい視線が客室乗務員に向けられていた。なかでも日本航空だけで年間一〇〇〇人あまりを採用していた一九七〇年代の半ばには、その訓練生の「マナー不足」を批判する記事が複数の新聞に掲載されていた。

たとえば「スチュワーデスに望まれる語学力は、英語よりもむしろ日本語」という一文からはじまる新聞記事では、「英語はペラペラでも、敬語はさっぱり」な新人が増えたこと、その研修期間に「日本語の時間を大幅に増やしたが、なかには、日本語の難しさにノイローゼになる訓練生も出る始末」であること、そして「この程度の言葉は、学校や家庭で教わるもの」と「あきれ顔でボヤいている」教官の姿が伝えられている（読売一九七四年七月五日）。

同じころ、全日空では「内定者を対象に「言葉遣いの大切さ」「応対要領」の二講座に五時間をさき、入社後は約三か月の基礎訓練期間に「エチケット講座」「機内応対会話要領」に計十時間をかけ、みっちり教え込んでいる」という。これに対して英会話の研修は計一七時間で、英語と日本語の研修を同じ比重にせねばならないほど「日本語がなっていない」新人たちが訓

「日本語できる」が条件
英会話と同じ比重　スチュワーデス特訓
両親を客に見立てての機内応対訓練。練習したはずの言葉がなかなか出て来ない

4-3　スチュワーデスの「マナー不足」を批判する記事（読売 1974年8月21日）

練所に増えてきたという。そうした状況は日本航空でも同じであり、『読売新聞』一九七四年八月二一日の記事は、マナー教育の難しさを次のように指摘している。

日航では「おかげさまで」「残念ながら存じません」「お呼びでございますか」など、よく使われる十五の短文を教室に張り出し、毎日復唱させている。言わせると、立て板に水を流すようにスムーズに出てくる。ところが、模型を使って機内応対の訓練をやらせると、よく覚えていたはずの言葉が全然出てこない。

「マナー不足」の問題は、言葉遣いだけではなかった。着物による機内サービスを国際線の看板にしていた日本航空では、着付けを一人でできる新人が激減したため、一五分としてきた機内トイレでの着替え時間を二〇分に延長したが、一九七〇年代末には「それでも時間が足りず、最近では、三、四十分間もかかる状態」になったという。そこで同社は松坂屋と協力して、上下が分離していて帯もマジックテープで脱着できる「セパレート着物」を開発した。一九七九年六月一五日の東京・ホノルル線に初登場したこの「セパレート着物」は、新しい世代の客室乗務員たちに好評だった。しかし古い世代の元客室乗務員の一人は、「着物の本質を大事にする立場から、「反対だ」と苦言を呈している(読売一九七九年六月一六日)。

危機から生まれたマナー研修

一九七〇年代に「マナー不足」で「不作法」な新人が増えた結果、「訓練センター」ではマナー研修の拡充が急務となり、さまざまな訓練の方法が開発されていった。その「訓練センター」を舞台に、「不作法」な「原石」たちが厳しい特訓を通じて磨かれていき、やがて光輝く「宝石」になっていくプロセスを大げさなほどに描いてみせたのが、これより一〇年後に放映された『スチュワーデス物語』だったことは、前節でみたとおりである。

そうした独自開発の研修内容に加えて国際線の乗務でも一層の磨きをかけられた「日航スチュワーデス」たちのマナーは、出身地や家柄や学歴などとは無関係に習得できるスキルとなり、正しい訓練と確かな指導によって誰でも身に付けることができる「現代の教養」として多くの需要を喚起した。裏返せば「容姿端麗」で「良家の才媛」ばかりの時代の客室乗務員では厳しい研修を受講していないため、専門家として他社の新人研修に派遣するサービスは務まらず、また需要もそれほど多くはなかっただろう。むしろ「ドジでノロマな亀」だった「原石」が、「訓練センター」で磨かれて光り輝く「日航スチュワーデス」になったというイメージが可視化され流通したからこそ、そのマナー研修には独特の説得力が宿り、さまざまな企業の研修に招かれたものと考えられる。

こうして「訓練センター」の拡充と『スチュワーデス物語』の人気に後押しされて一九八五年に販売されたのが先にみた日本航空の子会社によるマナー研修講座だが、じつはその数年前から同様のサービスを事業化していた会社があった。それは日本航空との資本関係を持たない独立系の会社だが、しかし同社の客室乗務員を退職した女性たちが起業した、縁深い会社だった。奥谷禮子《おくたにれいこ》が代表を務めたザ・アールである。

奥谷禮子の起業

「私たちは、JALで教育を受けたことを誇りに思っていますし、それをセールスポイントの一つにするつもりだったんです」と新聞取材に答える奥谷禮子は、一九七七年に退社するまでの約七年間、日本航空に客室乗務員として勤務していた。そのうち三年間を国際線と国内線の客室に搭乗し、四年間を「VIP送迎ルームで接客」する業務に携わった奥谷は、自らの経験を活かすために同僚や先輩たち六人の元客室乗務員とともに人材派遣会社ザ・アールを設立した。それは一九八二(昭和五七)年三月のことであり、先述した日本航空の子会社よりも三年あまり先行した起業だったことは、注目に値するだろう。

その社名を「レボリューション（革命）の頭文字からとった」という奥谷のザ・アールは、女性の社会進出の支援を目指して、当初は「インタープリター・アテンダント」という通訳と接客を兼務する人材の派遣を主な事業としてスタートした。たとえば「出版記念など各種パーティーへのホステス派遣、秘書・通訳・キーパンチャーのあっせん、会議・パーティーの企画立案、女性人材の開発育成」などを営業種目として、「スチュワーデス経験者五十人、秘書、翻訳家など合わせて百人が、傘下に集まった」という（読売一九八二年三月一六日）。

しかし「通訳兼接客のプロ」の派遣というザ・アールの当初のサービスは、需要が乏しかったようだ。一年後の新聞取材に対し、「やはり、ホテルの宴会などは、今までのような若い華やかな女の子のほうがいいようです。知的な会話なんてお呼びでないみたい」と奥谷は嘆いている。そのかわり同社が活路を見出したのは「新入女子社員研修や、短期間の外人用セクレタリー」だった。とくに前者の講師として元客室乗務員を派遣すると、高い評価を得たという（読売一九八三年五月七日）。そのため元日航スチュワーデスを「マナーの専門家」として派遣する事業に注力したところ、ザ・アールは飛躍的に売り上げを伸ばし、一九八四年末には六〇〇人あまりの登録社員を擁する人材派遣会社に急成長していった。

「マナーの極意」のベストセラー

マナー研修の事業化に確信を得た奥谷禮子は、自らの思考をまとめた著書『日航スチュワーデス　魅力の礼儀作法』を一九八五年一月に出版した。ザ・アールの派遣講座で人気のマナーの基本スキルに加え、同社の代表が説く「マナーの極意」がわかりやすく記されたこの本は版を重ねてベストセラーになり、著者の奥谷を時の人に押し上げた。同年に奥谷は通産省(当時)の諮問委員会「人材開発問題研究会」のメンバーを務め、翌一九八六年には経済同友会で初の女性会員に選ばれた。この年には男女雇用機会均等法が施行され、社会党の委員長に土井多賀子(たか子)が就任するなど、「女性の時代」を印象付けるニュースが数多く流れるなかで、奥谷は経済界の新星として期待され、ザ・アールのマナー研修講座は高い人気を集めた。

そもそも一九七〇年代には「マナー不足」や「不作法」が問題視されていたはずの客室乗務員たちだったが、一〇年後の一九八〇年代の半ばには「マナーの専門家」として正反対のイメージを獲得したことになる。こうしたイメージの転換に乗じて、現職や元職の客室乗務員によるマナー研修を提供する会社は、急速に増えていった。たとえば奥谷のザ・アールと、先にみた日本航空の子会社ＪＡＬコーディネーションサービスをはじめとして、西武セゾングループのウイル、またザ・アールから独立した伊谷江美子《いたにえみこ》のクオレ・コーポレーションなどがあり、この他にも多数の同業会社が林立した。

とくにザ・アールの奥谷と同じく元「日航スチュワーデス」の肩書きを持つクオレの伊谷は、やはり客室乗務員の退職者を講師として派遣するマナー研修講座を主な業務とする一方で、自身と同じく離婚を経験した女性たちの再就職などを支援する事業にも尽力し、独自の女性支援活動に積極的だった（読売一九八六年三月六日および読売一九八九年四月四日）。

多数のライバルたちが出現したなかで、「日航スチュワーデス」出身の起業家であり、そして「マナーの権威」となり事業を成功させたパイオニアとして、奥谷禮子は別格の存在感を放っていた。その奥谷が説くマナーの極意は、ベストセラーになった著書の冒頭で、次のように記されている。「〝感性〟の時代であると、会う人ごとに私は説いています。みなさんうなずいて賛成なさるのですが、その〝感性〟の中味がよくわからないとおっしゃいます」。

奥谷がいう〝感性〟とは、何か。たとえば何気

4-4　奥谷禮子『日航スチュワーデス　魅力の礼儀作法』(1985年)

なく過ごしている日常のオフィスで、通勤途中の花屋の存在、デパートの印象派の美術展、テレビの季節のニュースなどのさまざまな情報が「ある日突然、パッと自分の中で結び合わされる。そのとき、このオフィスにはお花が必要なんだわ、と気づく」ことであるという。

そうして「気づくこと、それが〝感性〟なのです」と「宣言」する奥谷は、単なる礼儀作法の解説ではなく、その〝感性〟を訓練する意義を広めることに、同書の目的があるという。

豊かな感性さえあれば、あなたは思いどおりの自分を演出できるようになります。美しくて可愛くて賢明で……。

その感性をエッセンスとして教え込むのがスチュワーデスの各種の訓練なのです。

この冒頭の「宣言文」に続き、同書では「オフィスの場で起こり得るあらゆる場面に即応できる具体的な〝礼儀作法〟を詳述」するページが続く。そのなかで重視されるのは個々のスキルではなく「感性の訓練」であり、それは結局のところ他人や会社のためではなく自分のため、すなわち「自分磨き」の機会として価値があることが強調されている。

「感性の訓練」という思考

こうした「感性の訓練」としてのマナー研修という思考は、奥谷ひとりの発明ではなく、むしろ古くからさまざまにいわれ続けてきたことのいいかえに過ぎないかもしれない。もしくは日本航空の「訓練センター」が奥谷たちに伝授した、研修内容の一部だったかもしれない。そのうえで奥谷が説く「感性の訓練」には「自分磨き」という目的地が設定されたこと、そしてさまざまなことに「気づく」ことは「職務」の向上に役立つだけでなく、「思いどおりの自分」を手に入れるためのトレーニングにもなるという思考が明示されたことが、特筆に値する。

いいかえれば「原石」を磨いて光り輝く「日航スチュワーデス」に仕上げる「訓練センター」の研修方法を援用することで、その「訓練センター」の外でも同じような「感性の訓練」を実践できるという道筋を示したのが奥谷の著書であり、また同氏が率いるザ・アールの研修サービスだった。ただしここで「原石」がうまく磨かれたときに姿を現すのは、「日航スチュワーデス」ではなく、「思いどおりの自分」であり、そして「憧れの自分」である。まるで『スチュワーデス物語』の世界を生身で追体験するかのようなマナー研修であり、奥谷が説く「自分磨き」の思考は同時期に人気を博したテレビドラマの物語構造と地続きだったといえる。

こうして「感性の訓練」を標榜する元客室乗務員のマナー研修では、礼儀作法のテクニックだけではなく、「気づくこと」を重ねていくことで「自分磨き」に勤しむことの価値と魅力が伝授された。このとき元客室乗務員には、「マナーの専門家」であるだけでなく「自分磨きの達人」であることが期待され、そうした思考は現役の客室乗務員たち、そして未来の客室乗務員である訓練生やその志望者たちにも広く浸透していった。

「自分磨き」の達人へ

たとえば奥谷の著書と同じ一九八五年、客室乗務員の志望者を対象とする専門雑誌『スチュワーデス magazine』が創刊した。日本航空をはじめエール・フランス、英国航空、アリタリア航空などの現役スチュワーデスたちの「華麗な仕事と私生活」を紹介する記事、そして各社の採用傾向や募集案内などを掲載した誌面には、客室乗務員への憧れが充満していた。それらの記事とともに目を引くのは、数多のスチュワーデス予備校が競って掲載した、関連広告の多さである。その大半が自校の採用実績や充実した授業内容を誇るなかで、たとえば駿台トラベル専門学校(東京都)は「ユニークなカリキュラム」として「自己発見講座」を第一に挙げている。そこでは「まず、「自分自身をよく知ること」。当たり前のことですが、意外と見落しがちなポイントです」と述べ、同校では「自分自身」に対して「気づく」ことを重視した教育に取り組んでいるという（同誌一九八五年八月号）。
さらに福岡リケイオン学院（福岡県）は、次のような文章を掲げて学生を募集している。

当学院では、単なる面接のノウハウだけを教えるのではなく、若い女性として、身につけておくべき礼儀作法等のマナーを指導いたします。しかも少人数グループ制の授業は、楽しく学びながら内面から自分を磨いていくという、独得で非常に高い合格率をあげております。［傍点は引用者］

4–5 『スチュワーデス magazine』創刊号（1985年）

「礼儀作法等のマナーを指導」されることで「内面から自分を磨いていく」という考え方は、先述した奥谷禮子の著書と酷似した思考の様式であり、そして『スチュワーデス物語』が描き出した世界観と親和的である。こうして客室乗務員への厳しい研修は、「自分磨き」の達人になるための道筋となり、スチュワーデスは「憧れの職業」から「憧れの自分」を手に入れるためのルートへと転換していった。

4 「自分磨き」と「自分探し」の時代

ライフスタイル化するスチュワーデス

「感性の訓練」を説いた奥谷禮子の著書がベストセラーになったのと前後して、他にも「スチュワーデスであること」を自ら語る客室乗務員たちの言説が多く流通するようになり、やがて新聞や雑誌などのメディアの一ジャンルを形成するようになった。

たとえば一九八〇年、日本航空の現役客室乗務員の一二人が企画から取材、編集までを担当したという『スチュワーデスの本』が出版された。これは同社の機内誌に連載されていた客室乗務員の記事をまとめた単行本であり、「スチュワーデスの「二十四時間」や、日本と世界のかくれた旅の情報、三百二十五人のスチュワーデスの男性観など」とともに、「スチュワーデス志願者用に、英会話辞典や用語辞典、入社試験の傾向など」も掲載した、いわゆる日本航空の広報を兼ねた媒体でもあった（読売一九八〇年六月一八日）。同書を六万部売り上げた日本航空は、翌一九八一（昭和五六）年にも海外旅行を楽しむヒントの数々を客室乗務員が披露する『スチュワーデスの旅情報』を刊行し、これ以降も現役の客室乗務員が編集する「スチュワーデスの本」を続刊していった（毎日一九八一年一月二三日、読売同年一〇月四日、読売一九八四年六月一九日など）。

また『毎日新聞』は奥谷の著書が発売されたのと同じ一九八五年一月から一年間、「スチュワーデスが語る　こんな話あんな話」というシリーズ記事を毎週木曜に連載した。現役の客室乗務員が毎回一人ずつ登場し、実名と所属会社と顔写真とともに「海外旅行の楽しみ」（一月一〇日）や「長い冬のロンドンっ子の知恵　「半額」セールで春を待つ」（同月二四日）などの海外体験をさまざまに語る、長期シリーズだった。

もちろん客室乗務員が自らの海外体験を語る書籍や記事は、これまでにもいくつか出版されていた。しかし一九八〇年代になって際立った特徴の一つは、客室乗務員の本業である機内サービスと同等かそれ以上に、業務外のプライベートな領域が積極的に語られるようになったことであり、いわば客室乗務員のライフスタイルに照準を当てた言説が増加したことにある。

海外体験と「自分磨き」

そうした一九八〇年代の特徴は、先にみた『スチュワーデス magazine』でも観察できる。

同誌は二〇〇〇(平成一二)年に『エアステージ』と誌名を変えたが、客室乗務員の志望者ならばまずは手に取る専門誌として長らく人気を誇ってきた。その創刊号の第一特集は日本航空、全日空、ルフトハンザドイツ航空、フィンランド航空、カンタス航空などに勤務する日本人の客室乗務員に「スチュワーデスになってよかったこと」を尋ねたインタビュー集であり、その一人の記事には、次の見出しが付されていた。

> ヨーロッパの各都市で長いステイが入ることも。自分を磨きながら、続けられる仕事ですね。〔傍点は引用者〕

さまざまな海外の渡航先に滞在できる魅力とあわせて、「自分磨き」の機会を得られることを「スチュワーデスになってよかったこと」とする思考は、「感性の訓練」を説く奥谷禮子の著書と同型である。さらに同誌の創刊号では、「エール・フランスSW〔スチュワーデスの略語〕の華麗なパリ暮らし」「アリタリア航空SWが案内する機内とローマの楽しみ方」など、外資系の航空会社に勤める日本人客室乗務員のライフスタイルに着眼し、世界で活躍するスチュワーデスたちのプライベートな姿を紹介する記事も多数、掲載されている。

このように海外渡航の機会とともに「自分磨き」を客室乗務員の魅力に挙げ、客室での仕事だけでなく勤務時間外のライフスタイルを自ら能弁に語る客室乗務員たちの言説が、一九八〇年の半ばには数多く流通していた。

「自分探し」の思考

この海外への渡航体験と「自分磨き」を連結させる思考は、客室乗務員をめぐるイメージの大きな転換を表している。そして注目すべきことに、その思考はまったく同じ時代に誕生したもう一つのベストセラーと、奇妙に共鳴している。それは沢木《さわき》耕太郎《こうたろう》の小説『深夜特急』であり、同書が鮮やかに描いてみせた海外渡航による「自分探し」の思考である。

沢木の『深夜特急』は、一九八四年六月から翌八五年八月までの一四か月間、『産経新聞』の夕刊で連載された自伝的小説だった。その連載期間の真っ最中にあたる一九八五年一月に奥谷禮子の著書が出版されたことは、既にみたとおりである。後に沢木の新聞連載は二冊の単行本にまとめられて一九八六年五月に出版されると、瞬く間に増刷を重ねた。それは東南アジアで貧乏旅行もしくはバックパッカーの旅をする若者たちの「バイブル」になり、たとえば『深夜特急』の舞台になったと目される香港の重慶大厦《チョンキンマンション》やインドのバラナシ(ワーラーナシ)の安宿

4-6　沢木耕太郎『深夜特急』第一便(1986年)

などには、大勢の日本人の若者たちが現れたという。

その『深夜特急』のあらすじは、東京に暮らす主人公が、飛行機を使わずに陸路だけでユーラシア大陸を横断してロンドンまでたどりつくことができるか、という友人たちとの他愛もない賭けをきっかけに長い旅に出ることになった、海外冒険物語である。行く先々で予期せぬ出会いと別れを繰り返し、さまざまなトラブルを乗り越えて歩みを進める主人公の旅路は、作者の沢木耕太郎が一九七〇年代に実体験した、自身の海外渡航が原型になっているという。沢木は帰国の直後から、自らの旅について書くことを幾度か試みていたが、なかなか相応しい文体が見つからず、書き切ることはなかった。

そうして一〇年ちかい年月を経た沢木がたどりついた文体は、旅先での出会いや出来事を外部の視点から客観的に描写するノンフィクションの文体ではなく、その出会いや出来事に対して自分自身が何を思い、いかに反応したか、または反応できなかったか、という「自分」を透過して浮かび上がる旅の情景こそを描く文体だった。それは「行動(アクション)」ではなく

「反応（リアクション）」を書く文体であり、「世界」ではなく「自分」を書く文体であり、そして自分の反応（リアクション）を事後に振り返って言語化し、他者との関係において「わたし」を探り当てていく、「自分探し」の文体だった。

社会学の視点からみれば、一〇年もの時を経て執筆が可能になった『深夜特急』は、じつに再帰的な文体によって紡ぎ出された物語であり、一九八〇年代半ばの後期近代（A・ギデンズ）の水脈を独自に探り当てた文芸作品だったと考えることもできる。

「自分磨き」と「自分探し」の表裏一体

この沢木の「自分探し」の物語が、奥谷の「自分磨き」の著書の公刊とちょうど同じ時期に新聞で連載されていた事実は、それこそまったくの偶然かもしれない。そもそも両者の読者層は、ほとんど重ならないだろう。やや図式的に示せば、前者は日本社会から脱出して貧乏ひとり旅を志向する若い男性の物語であり、これに対して後者は男性中心の日本社会で対立せずにマナーを身に付けて居場所を確保することを志向する若い女性の指南書である。他者からの差異化を求める孤独でロマン主義的な「自分探し」は、他者からの承認と評価を求める同調的で集合的な「自分磨き」と、まるで正反対のルートをたどる動きのようにも思える。

だが「自分探し」と「自分磨き」ではルートが異なるものの、その視線の先には「自分」という頂《いただき》があり、そこに向かって歩みを進めるという思考の様式において、じつは同根なのかもしれない。たとえば長い試行錯誤を経て沢木がたどりついた文体や、自ら職業意識を高めて「自分磨き」に取り組んでいった客室乗務員たちの言説からみえてくるのは、海外体験の果てに希求するものが「世界」ではなく「自己」になった、という考え方である。

文芸作品と指南書の違い、バックパッカーと客室乗務員の違い、そしてジェンダーをはじめとする読者層の違いなど、さまざまな差異に満ちた二つの著書だが、しかし沢木の『深夜特急』が描き出した「自分探し」と、奥谷の『日航スチュワーデス　魅力の礼儀作法』が説く「自分磨き」の両者は、同じ年に鋳造された一つのコインの裏表に刻印された、一体の思考様式を示していると考えることができる。それは一九七〇年代の沢木が書こうとして書き切れなかった、他方で一九八〇年代の客室乗務員たちが能弁に語りはじめた、海外渡航の果てに「世界」よりも「自分」を発見する、「自分」志向の旅という思考様式である。

「自分」を見つけるための元手

もちろん「自分探し」と「自分磨き」を求める若者たちにとって、旅というかたちの移動性

（モビリティ）の体験は、必須でも必然でもない。まして国内ではなく海外に渡航する必要性など一切なく、それらは特定の社会状況において生み出された思考の様式である。

それにもかかわらず、あるいはそれだからこそ、ある特定のかたちをした移動性（モビリティ）の体験そのものが、「自分」を見つけるための元手となり得る。とくにより遠くへ、より長く、より困難をともなう身体的な移動の体験としての「モビリティ」であればあるほど、未だ見ぬ本当の「自分」と出会う可能性は高まるという、独特な思考がここにはある。そうして沢木を後追いするバックパッカーたちも、「感性の訓練」を求めてその職業意識を磨いていくスチュワーデスたちも、より困難で希少な移動性（モビリティ）の実践を求めて、海外への渡航を自らに課していくことになる。

こうして一九八〇年代の客室乗務員は、「憧れの職業」から「憧れの自分」を手に入れるためのルートとなり、「感性の訓練」を重ねて「自分磨き」の達人になることで実現される理想的な「任務（mission）」となっていった。

しかし間もなく、客室乗務員をめぐる魅力が急速に色あせていく時代が到来した。それは一九八〇年代後半から一九九〇年代に沸き起こった「バブル景気」による未曽有の経済活況と、それに連動した超円高にともなう海外旅行ブームの時代である。このころ誰でも気軽に何度でも海外へ旅行できるようになり、そしてハウスマヌカン（アパレル販売員）やモデルや女子アナウンサーのような、客室乗務員よりも高収入を期待できる人気の職場が続々と現れた。そうして「憧れの職業」だった客室乗務員は徐々に価値を低下させていき、一九八〇年代末には長らく君臨してきた人気職業ランキングの一位から陥落していった。

それでも「憧れの職業」ではなく「憧れの自分」を手に入れる「任務（mission）」として客室乗務員を志望するタイプの若者たちにとって、一九八〇年代に見出された「自分磨き」の達人としてのイメージは、その独特な魅力を保持し続けたと考えられる。むしろ高給と厚遇が期待できる結婚前の「腰かけ仕事」としてのメリットを急速に失っていった一九八〇年代後半の客室乗務員は、それゆえにかえって伝統を誇る「自分磨き」のための訓練と移動性（モビリティ）の体験を求めて若いうちにあえて入門すべき「道場」のような仕事になっていった。そしてこの「道場」からは、接客マナーの達人たちが数多く巣立っていき、そこに新たな思考様式が結び付く一九九〇年代がやってくる。

制服の一般公募と延期

客室乗務員をめぐるイメージが大きな転換を経験していた一九八〇年代の半ばに、日本航空はその制服の刷新を計画した。予期せぬ紆余曲折を経て採用された制服は、それまでとは大きく異なる特徴を持つ、目を引くデザインだったため、本章を閉じる前にその姿をみてみたい。

一九八四年三月、日本航空は「客室乗務員五〇〇期生」の誕生を記念して、歴代の制服五種類を復刻し、現役の制服とあわせて客室乗務員に着用させる「グッドオールドデイズ」キャンペーンを実施した。国内線の約半数で二二日間だけおこなう限定企画だったが、予想以上の話題を集めて搭乗客が増加し、約二億円の増収をみたという(読売一九八四年五月七日)。

客室乗務員の制服が有する絶大な訴求力を改めて確認した同社は、この八か月後に新たなキャンペーンを発表した。「スチュワーデスのユニホームを一般公募」する、初めてのデザイン・コンテストであり(毎日同年一一月二九日)、世界で活躍する六人の日本人デザイナーである稲葉賀恵《よしえ》、コシノヒロコ、島田順子、高田賢三《けんぞう》、三宅一生、山本耀司《ようじ》を審査員に迎え、「グランプリを獲得したデザイナー一人には欧州往復航空券二人分と副賞百万円、入賞者四人にも賞金が贈られる」一大企画だった(読売同日)。一九八四年一二月一五日から三か月半の募集期間に、「幼稚園児からプロデザイナー、八十代の男性まで約七千八百人の応募作品」が集まり、そこから二七点のデザインが一次審査を通過した(読売一九八六年四月二〇日)。

このとき日本航空は、二七点すべてのデザインの試作品を製作し、それぞれを着用した二七人の客室乗務員たちを羽田空港に駐機する旅客機に乗せて、客室内で二次審査をおこなった。先述のデザイナー六人に加えて同社の客室乗務員が投票し、四つの候補作に絞られたという。

さらに同社は、この四作品それぞれの帽子、靴、エプロン、コート、バッグなど一式を試作し、現役の客室乗務員たちが実際に着用して機内サービスにあたるという、三次審査をおこなった。そうして客室乗務員から意見を集めたのはもちろん、乗客やメディア関係者からも評価を聞き出して、新しい制服の決定に臨んだ(『スチュワーデスmagazine』一九八五年八月号)。このように一九八四年から一年近くかけた新制服の公募は、異例の予算と時間を費やした広報イベントとして実施され、『スチュワーデス物語』放送後の話題を提供し続ける点でも重要な役割を果たした。

しかし三次審査が終了した直後の一九八五年八月一二日、航空史に記録される大事故が発生してしまった。それは羽田から伊丹へ向かう日本航空一二三便が飛行中に操縦不能となり、群馬県の御巣鷹《おすたか》の尾根に墜落した「日航ジャンボ機墜落事故」である。乗客と乗員五二四人のうち五二〇人が死亡するという、単独の航空事故としては史上最悪の犠牲者を数え、著名な歌手や財界の有力者などが犠牲者に含まれていたこと、また事故をめぐる報道が長らく続いたことなどもあり、「御巣鷹の事故」は航空界だけでなく日本社会に大きな衝撃を与えた。

日本航空は事故への対応を優先するため、新しい制服デザインの公募イベントを中止し、その広報活動も自粛した。そのため七代目の制服デザインの最終決定は、当初の予定よりも半年あまり遅れた。年が明けて一九八六年四月、日本航空が新制服の最終デザインを発表し、「四千三百人のスチュワーデスの一斉衣替えにかかる費用は十億円近い」ことを報道各社が伝えたところ、厳しい批判が沸き起こった。たとえば一九八六年四月二三日の『読売新聞』には、「日航の新制服　遺族どう思う」と題した投書記事が掲載された。そこには「御巣鷹の事故」から八か月しか経っていないにもかかわらず、客室乗務員の新制服の「経費が約十億円かかる」と知って、私は首をかしげた」こと、そして「経費削減を余儀なくされているはずの日航が、十億円もの費用を投じて制服を更新する神経が理解できない」ことなどが記されていた。

ただちに日本航空は発表を訂正し、客室乗務員の新制服の導入を再び延期した。そうして七代目の制服が日の目を見たのは、さらに一年八か月を経た一九八八（昭和六三）年一月だった。詳細は次章でみるが、それは同社の民営化を記念する事業の一つとして位置づけられた。

「自分磨き」の達人のユニフォーム

このとき登場した新制服は、両肩に入れた大きな詰め物（パット）が目を引く、ツーピースの

メンズタイプの新制服よろしく　日航

「七代目」はちょっぴり男っぽく―日航スチュワーデスの新しい制服の基本デザインの発表会が十九日、東京・帝国ホテルであり、二万二百一点の応募作からしぼった最終候補四点の中から、東京都世田谷区のフリーデザイナー、本井重信さん(三三)の作品に決まった＝写真。色はこれまでと同じ濃紺だ

4–7 「いかり肩の軍服風」7代目制服
(朝日 1986 年 4 月 20 日)

「いかり肩のスーツ」だった。それは先述した公募で採用されたフリーのデザイナーの本《もと》井《い》重信の図案をもとに、客室乗務員たちの意見を取り入れて「改良」したデザインというが、それまでの歴代の制服が大切にしてきた親しみやすさや優雅さや華やかさなどとは無縁の、まるで初期の軍服風ユニフォームに回帰するかのような、威厳たっぷりの制服だった。

一九八八年といえば「バブル景気」の真っ盛りであり、街では身体の輪郭を強調してみせる「ボディコンシャス(ボディコン)」といわれたファッションが話題を集めていた。他方で金ボタンの紺色ブレザーや大きなパットを入れたいかり肩のスーツも流行っていたが、日本航空が導入した客室乗務員の新しい制服は、それらの「トレンド」よりも度を越して、威圧感さえ感じさせるほどに「厳ついデザイン」だった。まるで「訓練センター」の怖い教官、もしくは「マナー研修」のベテラン講師が着ているようなイメージの制服であり、こうした威厳あるデザインを現役の客室乗務員たちが求めたことは、じつに興味深い。

なぜなら一九八八年の「いかり肩のスーツ」は、「感性の訓練」を積んだ「自分磨き」の達人たちの自己イメージが投影されたデザインだったと考えられるためである。それは客室の乗客たちのまなざしよりも、客室乗務員である「自分」たちの職業意識を体現した制服であり、「自分磨き」を究極の目標とする「任務」に精を出す、接客マナーの達人としての客室乗務員の思考様式を、見事なまでに具現化した制服だったといえる。

そしてこれがスチュワーデスの最後の制服だった。まもなく客室乗務員の呼称は「CA」に変化し、その労働環境も一変することになる。

5 章

1994–2012 年

hospitality

相続される「おもてなし」

「CA」の思考

おもてなし

CAに学ぶ

福智町全職員260人にJALが研修

福智町役場の全職員約260人が26日、日本航空(JAL)の客室乗務員(CA)を講師に招き、接遇マナーの研修に取り組んだ。機内での接客に定評のあるJALのノウハウを学び、来庁者や観光客への「おもてなし力」を高めるのがねらいだ。

町総務課によると、接遇研修は数年おきに実施している。今回は「福智スイーツ大茶会」などのイベントで縁のあるJALに頼んだ。

客室教育訓練部のサービスアドバイザーで、国際線の乗務経験が豊富な為我井《ためがい》麻理さんから接客対応の基本を教わった。

為我井さんは、人の第一印象は最初の15秒で決まると指摘し、「身だしなみは無言の自己紹介で、おもてなしの一つ。個性はあってもいいが、自分の気持ちを優先する『おしゃれ』と、相手がどう感じるかを考える『身だしなみ』は違います」と説いた。

さらに、目の前の相手が何を求めているかに気づく「感知力」と、誠意が相手に伝わるような声かけなどの「ポジティブ・コミュニケーション」の重要性を強調した。

職員らは、場合に応じたお辞儀の角度や、「福智のお土産には何がいいですか?」と問われた場合の答え方などに取り組んだ。

福祉課の吉村慎一さん(41)は「さすがJAL。私たちも日頃から窓口や電話の対応に気をつけていますが、役場はまだ『もてなす』というのが足りないかもしれない」。森野和彦総務課長は「町民の皆様との

JALの講師(左)に合わせてお辞儀の練習をする職員ら=福智町役場

客室から出て各地で相続される「おもてなし」
(朝日 2017 年 6 月 29 日筑豊版)

1　キャビン・アテンダントの誕生

全日空の試み

一九八八（昭和六三）年一月、全日空は客室乗務員の名称をスチュワーデスからキャビン・アテンダント（CA）に変更した。同月一七日の『朝日新聞』によれば、「本格的に国際線進出を目指すにあたり、ふさわしいもの」を検討した結果という。

これまでみてきたように日本の客室乗務員の呼称はエアガール、エアホステス、そしてスチュワーデスと変化してきた。これらはいずれも性差（ジェンダー）を固定化する女性名詞であり、性差別を是正する国際的な潮流からみれば明らかに時代遅れの呼称だった。たとえば性差別を人権問題の一つと捉える公民権運動が盛んなアメリカでは、これより一〇年あまり前にスチュワーデスという女性名詞は忌避され、フライト・アテンダント（FA）やキャビン・クルー（CC）などジェンダーを限定しない呼称が一般的に用いられるようになっていた。

これに対してキャビン・アテンダント(CA)は英語表現としては一般的ではなく、いわゆる和製英語の一種だった。それは本書の冒頭でも指摘したが、なぜ国際的に使用される呼称ではなく、あえて独自の「CA」を全日空が選んだのか、その理由は上述の記事では明らかにされていない。そのかわり同記事は「困ったのは愛称」であると、次のように伝えている。

これまで全日空では、スチュワーデス一般を短く「デス」と呼んでいたが、「キャビン・アテンダント」をどう呼ぶかだ。今のところ「CA」と呼んでいる職員もいるが「これでは味気ない」し、かといって略すと「キャビア」だし……。

たしかに「CA」という呼び名は、なかなか定着しなかったようだ。この後の新聞報道を通覧すれば、一九九〇年代の半ばまで日本では客室乗務員をスチュワーデスと呼び続けていたことがわかる。そこには日本航空が一九九六(平成八)年までスチュワーデスという呼称を使い続けたことが影響しているが、ここで視点を変えるなら、客室乗務員の呼称を先に変更したのが日本航空ではなく、全日空だったことに注目すべきだろう。それまで日本の客室乗務員の歴史を先導してきたのは、日本の国際線を主に担ってきた日本航空だったからである。しかし先に引用した『朝日新聞』の記事によれば、全日空は「本格的に国際線進出を目指すにあたり」、世界の標準から遅れた客室乗務員の呼称を変更したという。このころから日本航空の先を行く全日空の数々の試みが功を奏し、両社の関係は大きく変化していくことになる。そこで一九八〇年代後半から九〇年代までの航空界を概観し、「CA」が浸透していくプロセスをみたい。

「自由と競争」の潮流

そもそも全日空は一九七一(昭和四六)年から国際線を運航はしていたものの、日本航空との競合を避けるために不定期かつ近距離のチャーター便に限って政府の認可を受けた、いわば国内線を専門とする「二番手」の航空会社だった。しかし同社は一九八六(昭和六一)年三月の東京・グアム線を皮切りに、アメリカのロサンゼルスやワシントンDCなどへ国際線の定期便を続々と就航するようになった。そうした変化の背景には、日本航空の完全民営化があった。

日本政府は一九八七(昭和六二)年、事実上の官営会社である日本航空を根拠づけてきた「日航法」を廃止し、同社の完全民営化を実行した。だが政府の保護のもとで世界屈指の航空ネットワークを築き上げた日本航空が、そのまま自由な経済活動ができる民間企業に転身してしまうと、全日空をはじめとする国内の同業他社はとても太刀打ちできない。そのため日本政府は一九七〇年代前半に定めた「四五・四七体制（いわゆる航空憲法）」を見直し、日本航空が国際線と国内の幹線を、全日空が国内幹線とローカル線を、そして東亜国内航空（後の日本エアシステム）が国内ローカル各線をそれぞれ担うという役割分担を撤廃した。

このころ内閣総理大臣だった中曽根康弘は、日本航空と同様に政府が保護してきた日本専売公社、日本電信電話公社（電電公社）、日本国有鉄道（国鉄）などの官営会社を次々と民営化した。その狙いは、自由市場で競争させることで経営の合理化と財政の健全化を促し、日本企業の国際競争力を高めていくことにあった。いわば「保護と育成」を基本とした敗戦国・日本から、「自由と競争」を基本とする世界第二位の経済大国・日本への「構造改革」を断行したのが一九八〇年代の中曽根政権であり、そうした方針が航空界にも及んだ結果、上述したように全日空が国際線の定期便に進出して「フル・キャリア」化し、また日本航空は完全民営化されることで、「二大エアライン」が並び立ち競争する、新たな日本の航空市場が整備された。

一九八〇年代の「自由と競争」は、中曽根が公私ともに親交を深めたとされるアメリカ大統領のR・レーガン、およびイギリス首相のM・サッチャーと共有した政治的潮流だった。とくにアメリカでは一九七八年に「民間航空規制緩和法（エアライン・デレギュレーション法）」が先行して施行され、規制だらけだった航空界への自由な参入を促進する政策が実現されていた。

そうして路線や便数が増加する一方で価格競争のために運賃が低下し、結果として航空需要が高まって旅客の利便性も向上し、同国の航空界は活況を呈したという。翌一九七九年にイギリスの首相に就任し、やはり経営効率の悪い国営企業だった英国航空を民営化したサッチャーは、アメリカ発の「規制緩和」の潮流を自国へ引き込み、レーガンや中曽根など西側の指導者たちとともに一九八〇年代のグローバリゼーションを先導した。

こうした「自由と競争」の激流は、世界の航空界に数々の変化をもたらした。たとえば独自の経営スタイルを構築し、その輸送実績に加えてブランド・イメージでも世界一位の座に長らく君臨したパン・アメリカン航空(パンナム)は、自ら築き上げた豪華な事業モデルの合理化に失敗して巨額の赤字を累積し、一九九一年に倒産してしまった。

「外国人急増計画」

そのパンナムから一九八三(昭和五八)年に国際輸送実績世界一位を奪取した日本航空は、その後も四年連続で首位を維持したまま、既述のように一九八七年に完全民営化を迎えた。このとき客室乗務員の新しい制服が発表され、同社の客室に「いかり肩の軍服風ユニフォーム」が登場したことは、前章の最後にみたとおりである。こうして世界一位の航空会社として完全民営化を実現した一九八〇年代後半の日本航空だが、他方で合理化とグローバリゼーションの激流が次々と流入してきたその社内では、経営側と労働組合の対立、そして複数の組合間の食い違いが頻発し、なかでも客室乗務員の職場には答えのない難問が押し寄せた。

その一つに、外国人の客室乗務員を大規模に採用する新計画があった。日本航空は完全民営化を三か月後に控えた一九八七年八月、一二〇人の外国人を子会社で採用し、東京の「訓練センター」で「日航スチュワーデス」に育て上げた後、世界各地の拠点へ配属する計画を発表した。同社では一九六六(昭和四一)年ごろから香港線や南米線などで外国人の客室乗務員が乗務していたが、その割合は全体の一%にも及ばなかった。外国人の積極的な採用は国際化を推し進める同社にとって当然の方策であり、むしろ遅すぎる印象さえあった。

しかし一九八七年八月二〇日の『毎日新聞』によれば、同社は国際化のためだけでなく「人件費の節約」のために外国人の客室乗務員を大量採用するといい、その「合理化」の具体的効果は次のように伝えられている。

給与は現地の航空会社の標準に合わせて決めるとしており、入社後三年の日本人スチュワーデスと比べた場合、ロンドンで六〇%、フランクフルトで七三%、シンガポールで二〇%程度に節減できるという。

当時の記録的な円高や世界一位の輸送実績などもあり、ロンドンでは八〇人の募集に対して五六倍にあたる四四六九人もの応募が殺到したという(朝日一九八七年一〇月一日。最終の応募倍率は六六倍という記事もある)。これは日本航空の客室乗務員の国籍や性別が多様化する転換点だったが、しかし露骨な給与の削減と労働組合の切り崩しを狙う経営側の意図を読み取った日本人の客室乗務員たちは、外国人の急増計画を歓迎しなかった。結果として経営側の合理化策を組合側が団結して跳ね返した日本航空では、外国人の客室乗務員は増加したものの全体の一割未満に留まり、それまでの給与や待遇も維持されたままだった。

しかし一九九〇年代に入ると、客室乗務員そのものが「合理化」される荒波が生じた。

2 「アルバイト・スチュワーデス」問題

「バブル崩壊」後の「実験」

一九八〇年代の最後の日経平均株価、すなわち一九八九(平成元)年一二月二九日の東京市場の終値は、史上最高値の三万八九一五円八七銭を記録した。一九八〇年代の経済活況は、そのまま一九九〇年代も続くようにみえた。しかし一週間後の一九九〇(平成二)年の年明けから株価は下落し、一〇か月後には二万円台を割り込み、株価は半値ちかくまで暴落した。翌一九九一(平成三)年一月には日本も資金協力した湾岸戦争が勃発したことも、日本の航空各社にとって逆風となった。それでも戦争が終結して時が経てば、一九八〇年代の好景気まで回復せずとも落ち着きは取り戻すだろうという雰囲気が、航空界を含む日本中に漂っていた。

だが、そうはならなかった。「バブル景気」が崩壊した日本では、未経験の構造的な経済不況が進行し、そこから「失われた一〇年」が「二〇年」になり、経済指標と同様かそれ以上に深刻な社会不安が重く圧《お》し掛かる、平成時代に突入した。

一九九三(平成五)年三月、日本航空は翌月から順次入社するはずだった客室乗務員三五七人の入社時期を三か月から五か月延期することを発表した。路線の運休や削減などで乗務員が余ったこと、そして新入社員の数か月の給与でも支出を削減することが理由だった。同月五日の『朝日新聞』によれば、同社は「入社していただくまでに、時間的に余裕がありますが、この期間を自己鍛練に励み、有意義にお過ごしいただくよう期待しております」という文書を内定者へ送ったという。会社は損害を補償せず、個人の責任で「自己鍛練」を求めるようになった。

その翌月、日本航空は翌一九九四(平成六)年度の客室乗務員の採用中止を発表した(朝日一九九三年四月二二日)。これは一八年ぶりの非常措置であり、同社は二年続けて翌九五(平成七)年度も採用を中止した。このときには空港で働く地上職の採用も中止しており、全日空も「退職者の一部補充だけにとどめる方針」を採ったという(朝日一九九四年三月二四日)。「就職氷河期」という流行語が日本中を覆ったのも、この一九九四年だった。

このころ日本航空の子会社であり、台湾を中心にグアムやインドネシアなどの近距離路線を担う日本アジア航空が、ある「実験」に着手した。それは時給制の客室乗務員を新規募集し、通常よりも一か月あまり短い約二か月間の研修だけで乗務させる、新制度の導入だった。一九九四年五月一一日の『朝日新聞』によれば、契約期間は最長で三年間、時給は一三〇〇円で「学生のアルバイト並み」の待遇だったという。それでも同社が二〇人を募集したところ、一五五人の応募者が集まったとされる(朝日同年七月八日)。

子会社での「実験」を経た日本航空は同年八月二日、国内線に限定して勤務する「時給制アルバイトの客室乗務員」の導入を決定し、その募集開始を公式に発表した。同社の採用計画を伝える同月三日の『朝日新聞』によれば、日本航空は別の子会社である「ジャパンエアチャーター(JAZ)で約百人を採用し、日航に出向させる形をとる」ことで、日本航空の本社に所属する正社員の客室乗務員とは「区別」するという。しかもその待遇については、日本アジア航空での「実験」よりも厳しい条件が示された。

時給は訓練中が八百円、地上勤務は千円、乗務時は千三百円。一年契約で三年間まで更新ができる。年収にすると、約二百万円になる見込みで、日航の新入社員の年収約四百万円の半分程度という。〔中略〕一機につきアルバイト八―九人、日航正社員四人になるが、同じ制服を着るので乗客には区別がつかない。

ライバルの全日空も前後して同様の制度導入を発表し、その時給も一三〇〇円で足並みをそろえた結果、他の航空各社も大手二社に追随した。こうして一九九四年八月、日本の客室乗務員の労働環境は激変した。いわゆる「アルバイト・スチュワーデス」の出現だった。

「アルバイト・スチュワーデス」をめぐる論争

そもそも客室乗務員には、乗客へ飲食を提供する機内サービスだけでなく、緊急時の乗客対応や避難誘導、そしてハイジャックなどの非常時に一次対応をとる保安要員としての業務が課されていた。とくに難しい判断が求められる客室の安全管理には特殊な訓練が必要だが、正社員よりも一か月あまり短縮された「アルバイト・スチュワーデス」の研修期間のうち、主に削除されたのはその保安訓練だったという。

このとき航空各社は、保安要員としての非常時業務は正社員の客室乗務員が担い、「アルバイト・スチュワーデス」は飲食提供などの通常業務を主に担当する、という役割分担を想定していた。つまり一九九三年度までに採用された客室乗務員は正社員のままであり、他方で「アルバイト・スチュワーデス」は最長三年間の契約で、正社員への登用の道は用意されていなかったことから、あくまで補助的な雇用制度の導入だったと考えられる。

こうした条件のもと、日本航空が「アルバイト・スチュワーデス」を募集している最中の一九九四年八月一一日、思わぬところから「待った」がかかった。運輸大臣の亀井《かめい》静香《しずか》が運輸省航空局を通じて、「アルバイト・スチュワーデス」の再考を航空各社へ求めたのだった。その理由は「アルバイトと正社員では身分に差があり、同じ航空機に乗り込むと、チームとして一体感がなく、緊急時の対応が心配だ」というものだった(朝日同年八月一二日)。

航空業を監督する運輸大臣の指示は、航空各社にとって想定外だった。さらに亀井大臣は同月一二日の記者会見で「従わない会社には増便を認めないなどの対応をせざるをえない」という制裁措置にまで言及し、短期契約制の白紙撤回を求めた（朝日同月一七日）。

日本航空の「アルバイト・スチュワーデス」の募集は三日後の同月一五日に締め切られ、・〇〇人の募集に二五〇〇人の応募があったという（朝日同月一六日）。同社は五日後の同月二〇日から面接試験を予定していたが、「十六日夜に速達を出して試験中止を知らせ」る対応をとり、ひとまず亀井大臣に従う姿勢を示した。この混乱ぶりは報道機関の注目を集め、「鶴の一声」ならぬ「亀の一声」で民間企業の採用活動が凍結され、「タカ派」の自民党大臣と日本航空の労働組合が結果として奇妙な意見の一致に至ったことを詳報した（朝日同月一七日）。

変節と変更

こうして発生した「アルバイト・スチュワーデス」問題に対し、主に労働問題を扱う経営者の全国組織である「日本経営者団体連盟」（日経連、後の日本経済団体連合会）の幹部たちは直ちに反応し、政府の強引な介入に対する批判を展開して、日本航空を支持する論陣を張った。同月一九日には日経連会長の永野健《たけし》が「パートでもアルバイトでも職場ができることはいいことだ」とし、制裁措置まで持ち出した亀井大臣のやり方を正面から批判した（朝日同月二〇日）。

永野は三菱マテリアルの会長であり、その父は亀井と同じ運輸大臣を戦後の岸内閣で務めた永野護《まもる》だった。

日経連をはじめとする財界の有力者たちから批判を浴びた亀井大臣は、それでも同月二〇日に再び「アルバイト・スチュワーデス」の撤回を求める発言を公にし、「安全のためであれば、規制だって強化すべきだ」と猛反発した（朝日同月二一日）。いうまでもなく最優先されるべきは保安要員としての務めであり、亀井大臣の主張は理に適っていたと考えられるが、このとき注目されたのは同大臣が民間企業に対して強権を発動した政治手法であり、それが「アルバイト・スチュワーデス」論争をめぐる焦点となってしまった。

やがて亀井大臣への批判は財界の外からも上がり、二か月前に就任したばかりの同大臣が功を急ぎ過ぎているなどの声が与党の議員からも発せられた。そのため同月二三日、同大臣は増便を認めないなどの制裁措置を撤回し、自らの発言を訂正した。ただし「正社員になれる道を開くとか、最初は試用期間にするとか、正社員と同じ条件や待遇にしてほしい」と述べ、安全管理ではなく労働条件の問題として再検討するよう求めた（朝日同月二三日）。

こうして変節した「亀の一声」だが、しかし運輸大臣の再度の要望に対応するため、日本航空は同年九月一日に「アルバイト・スチュワーデス」の採用活動を再開する一方で、その待遇の改善方針を運輸省の担当部局と協議していることを発表した。その時点では改善策は白紙の状態だったが、同日に亀井大臣が日本航空の方針を歓迎するコメントを出したため、「アルバイト・スチュワーデス」論争は収束へ向かった（朝日同年九月一日）。

三週間後、日本航空は「アルバイト・スチュワーデス」の待遇を変更し、最長で三年間の契約期間を「試用期間」と位置付けて成績優秀者は正社員に登用するという新方針を運輸省へ報告した（朝日同月二〇日）。同月二六日には全日空も同じ条件を導入することが伝えられ（朝日同月二七日）、他の航空各社も大手二社にならって新規採用する客室乗務員を「アルバイト」化していった。

こじれたアルバイト・スチュワーデス問題

雇用流動化の象徴劇

慣行維持は困難に

私はこう思う

「安全」も大きな争点

5-1　「アルバイト・スチュワーデス」問題の報道（朝日 1994 年 8 月 24 日）

正社員への登用が用意されるなど、短期契約制の労働条件は改善されたようにもみえるが、ここにはもう一つの重大な変更が隠されていた。補助的で一時的な非常勤職員の採用にむけた短期契約制が、すべての新人採用に適用されるようになり、正社員の客室乗務員になるためには「アルバイト・スチュワーデス」としての試用期間を経由する必要が生じたのだった。

また、このような「アルバイト・スチュワーデス」をめぐる論争のなかで、日本航空の幹部からは次のような考えが明らかにされた。

「アルバイト」と報道されたことで誤解が生じているとして、新しい名前をつけることも考えている。

（朝日同月一日）

この翌年末、日本航空は客室乗務員の呼称をスチュワーデスからフライト・アテンダント（FA）へ変更する案を、同社の客室乗務員組合へ示した。この改称が公式に発表されたのは一九九六年一〇月であり、全日空がキャビン・アテンダント（CA）を採用してから八年あまり後のことだった。このようにスチュワーデスが改称された背景には、国際的な潮流としての性差別の是正よりも、日本固有の「アルバイト・スチュワーデス」問題が影響していたといえる。

客室に混在する二つの世代

一九九〇年代半ばまでの客室乗務員と、それ以後の世代との決定的な違いは、両者の労働条件、とくに給与と待遇にあった。「アルバイト・スチュワーデス」の採用活動を再開した日本航空は、子会社のジャパンエアチャーター（JAZ）に所属したうえで日本航空本社へ「出向」

する予定の一〇四人に対し、内定を通知した。二年ぶりの採用のためか「浪人組」も多く、労働条件の悪化への不満よりも内定への喜びを口にする採用者が目立ったという(朝日同年一一月一五日)。

早くも三か月後の一九九五年二月、日本航空は子会社を迂回して採用する「アルバイト・スチュワーデス」の雇用形態を改め、本社が直接採用して雇用し、時給も一三〇〇円から一八〇〇円にアップする計画を発表した。同月一五日の『朝日新聞』によれば「年収にすると二百三十万円から二百六十万円に上がる」というが、ここにも別の事情があった。同社の当初計画では、正社員と「アルバイト・スチュワーデス」の混成で国内線を担当するはずだったが、国内線はすべて「アルバイト・スチュワーデス」に任せ、国際線は正社員が担うという新しい「役割分担」が導入されたためだった(朝日一九九五年二月二七日)。

しかし正社員の客室乗務員たちには国際線への乗務が義務化されたことから、長い海外出張を課される国際線を避けてきた子育て世代などのベテラン客室乗務員が「どっと退職」していったという(朝日一九九四年一一月二四日)。その結果として新しい世代の客室乗務員、つまり「アルバイト・スチュワーデス」たちも国際線への乗務が「できる」ようになり、正社員と「アルバイト」の間に業務上の「区別」は消えていった。

それにもかかわらず短期契約制の年収は正社員のおよそ半分に留まり、空港への送迎や滞在先の宿泊施設や社員特典なども容赦なく合理化されていった。それまでのスチュワーデスと外見は同じだが、労働環境はまったく異なる「アルバイト・スチュワーデス」が年々増加し、やがて二〇〇〇年代には日本の航空各社で短期契約制の客室乗務員たちが多数派を占める時代が到来した。そうして古い正社員の世代のスチュワーデスとは異なる、新しい短期契約制の世代に対して、新たな客室乗務員の呼称が必要になった。

このとき「アルバイト・スチュワーデス」は、もちろん選択肢には入らない。全日空ならばキャビン・アテンダント、日本航空ならばフライト・アテンダントかもしれないが、それらは十分には浸透しないまま、「バブル崩壊」後の一九九〇年代が過ぎ去っていった。

3　社会沈下と「CA」の浮上

航空界の新潮流

二〇世紀末の「アルバイト・スチュワーデス」問題を経た客室乗務員は、もはや「憧れの職業」とはいいがたくなった。ただしこのころ苦境に立たされたのは客室乗務員だけでなく、その勤務先である日本の航空各社も国際的な競争激化に曝《さら》され続けていた。その発端は先述した一九七〇年代末のアメリカからはじまった「規制緩和」の流れにあったが、それ以降も国際航空市場は大きく変化し続け、さまざまな新しい潮流が発生していった。

たとえば一九八〇年代の後半になると、それまでライバル関係にあった航空各社が提携して共同運航便（コードシェア）を運行しはじめ、続く一九九〇年代の航空界では国境を越えた「航空連合（アライアンス）」が続々と誕生していった。大規模なものでは一九九七年に結成されたスターアライアンス、一九九九年のワンワールド、そして二〇〇〇年のスカイチームがあり、これら三大航空連合が国際航空市場の過半を占める時代が到来した。アライアンスの要は共同運航便の運行にあり、それは利用できる航空便の選択肢を増加させるなど利用客の利便性を向上させ、また機材や空港資源の効率的運用に大きなメリットをもたらした。しかし客室乗務員にとっては機内サービスなどの共通化を強いられるため、自社の業務マニュアルに加えて頻繁に更新されていくアライアンスのルールや加盟メンバーを常に理解しなければならないなど、業務の複雑化と多忙化を強いられていった。

また規制緩和と国際競争の潮流は、結果としてロー・コスト・キャリア（低価格航空会社、ＬＣＣ）の存在感を高めた。ＬＣＣの事業モデルの歴史は古く、その祖型と目されるパシフィック・サウスウェスト航空は一九四九年にアメリカで創業し、近距離路線を何往復もする効率的な運用、技術的に安定した同型機材の長期使用、チェックイン手続きや機内サービスの簡素化などにより低価格運賃を実現した。一九七〇年代にはアメリカ南部にサウスウェスト航空が登場し、またロンドンとニューヨークの間を大手航空会社の半額以下の運賃で飛ぶレイカー航空がイギリスに現れるなど、中小の航空会社が各地で奮闘してきた。ただしLCCが従来の大手航空会社を脅かすシェアと存在感を示すようになるのは、一九八〇年代後半から一九九〇年代のヨーロッパだった。とくにヴァージン・アトランティック航空、ライアン航空、イージージェットをはじめ、ロンドンを営業拠点とする新興LCCの躍進が目覚ましかった。

これらの新興LCCは「ノー・フリル」といわれる徹底したサービスの簡素化を打ち出すことで、「ロンドン・パリ間〇・九九ユーロ」などの特別価格を頻発し、若者たちを中心に支持を集めていった。ノー・フリルとは、飲食提供無し、座席指定無し、機内娯楽(映画、音楽、新聞など)無しなどを基本とし、航空会社によっては座席前の収納ポケットもリクライニング機能も取り外したビニール張りの簡素なシートを用いるなど、とにかく無駄なもの(フリル)を省くことをいう。そうしたフリルのなかには客室乗務員が担ってきた機内サービスの多くが含まれ、ときに客室乗務員そのものがフリルとして削減された。

日本でも一九九八(平成一〇)年にスカイマークエアラインズとエア・ドゥが運航開始したが、本格的なLCCが登場するには二〇一二(平成二四)年のエアアジア・ジャパンとジェットスター・ジャパン、そしてピーチ・アビエーションの就航と、二〇一四(平成二六)年の春秋航空日本の就航を待たねばならなかった。これら日本の新興LCCでもノー・フリルは基本だったが、他方で客室乗務員のイメージは日本航空や全日空の「CA」とほぼ同じか、その低価格版を超え出るものではなかった。

社会沈下の果てに

こうした国際航空市場の大きな変化が続いた結果、二〇〇〇年代の後半になると日本航空の苦戦が伝えられるようになった。たとえば上述したスターアライアンスの結成から二年後の一九九九(平成一一)年、全日空が早くもその世界最大の航空連合に加盟して業績を伸ばしていったのとは対照的に、日本航空の国際化は遅々として進まなかった。同社が二番手のワンワールドに加盟したのは、全日空から八年も遅れた二〇〇七(平成一九)年だった。

二〇〇九(平成二一)年三月期の決算で六三一億円もの巨額損失を出した日本航空は、その数年前から深刻な経営危機に陥りながら、自助努力では再建できない状態にあることを公表した。

翌二〇一〇（平成二二）年一月、日本航空は会社更生法の適用を申請し、経営破綻した。その原因にはホテル事業の失敗、新しい中型旅客機への機材更新を怠りジャンボジェットを使い続けた非効率的な運行、アライアンス加盟の遅れに象徴される国際化と合理化の遅れ、そして日本エアシステム（ＪＡＳ）との経営統合の失敗などが指摘されている。

本書では十分に詳述できなかったが、日本航空および全日空と並び「日本の航空三社」と称されてきた日本エアシステムは、一九五三（昭和二八）年設立の東亜航空と一九六四年設立の日本国内航空が政府の指導で一九七一年に合併して東亜国内航空となり、そして一九八八年に日本エアシステムに社名を変更した、国内線を専門とする老舗の大手航空会社だった。同社は独自の国内線網を構築し、国際線も運航する他の大手二社とは一線を画した企業文化を育んでいたが、業績悪化のために政府主導で二〇〇二（平成一四）年に日本航空へと吸収合併された。

日本エアシステムから多くの社員と採算性の低い国内ローカル線を引き継いだ日本航空は、まず赤字路線の整理を試みた。しかし半官半民の「フラッグシップ・キャリア（旗艦航空会社）」として日本の航空界をリードしてきた同社には、完全民営化の後にもかかわらず議員や地方自治体からの陳情や圧力が集中し、地方空港を結ぶ国内線を容易に廃止できなかった。このころ日本航空は全国五八の空港へ定期便を運航し、そのうち二五空港では同社だけが就航していた

(二〇〇九年一一月時点)。そうした国内線の過半が赤字路線だったうえに、国際線では二五八もの路線を保持しつつ(全日空は三三路線)、フラッグシップ・キャリアとしての体裁を維持し続けた日本航空は複雑な事情のうちに自ら回復する手立てもないまま、その巨体を地に落とした。

自力回復できなかったのは、日本航空だけではない。一九九〇年代初頭から二〇年あまり、日本社会そのものが地盤沈下を続けていた。それは企業業績、労働賃金、税金収入などの経済領域だけでなく、政治の役割や行政の機能や個人の希望などの社会的な諸分野でも、あるいは社会領域においてこそ、低迷と不安が基調として長く続く状況にあった。そうした社会的な地盤沈下、すなわち社会沈下の時代において、前節でみたように客室乗務員は早期に「アルバイト・スチュワーデス」とされ、「雇用流動化の象徴」と目された(朝日一九九四年八月二四日)。

この日本の社会沈下は、じつに長く続いた。なかでも労働者の賃金水準が低下し続け、「アルバイト・スチュワーデス」と同様に短期契約制の労働に従事する若年層が女性を中心に増加の一途をたどった結果、皮肉なことに「アルバイト・スチュワーデス」でも「まだまし」か、三年後に正社員への登用が用意されているだけ「むしろ良いほう」にみえてしまうようなレベルに達していった。長引いた日本の社会沈下は、客室乗務員の相対的な再浮上を引き起こし、そのイメージを回復させて新たな社会的価値を再発見させるような状況をもたらした。

「遺産」のリメイクとアレンジ

そうした客室乗務員の価値転換の兆しは、たとえば二〇〇六(平成一八)年ごろから観察できる。たとえば同年四月、客室乗務員を主役とするテレビドラマが久しぶりに注目を集め、同時期のドラマ視聴率で二位の好成績を上げ、翌年と翌々年にもそれぞれ二時間の特別編が制作されるほどの好評を得た。その作品名は『アテンションプリーズ』である。これは前章で分析した、一九七〇(昭和四五)年にTBS系列が放送した同名のドラマのリメイク版だが、この二〇〇六年版はTBSではなくフジテレビが制作した。三〇年あまり前の作品とはいえ、ライバル関係にあるテレビ局が他局のドラマをリメイクすること自体が珍しいが、それが再びヒットして二年連続で特別編まで制作されることはさらに稀である。

一九七〇年TBS版と二〇〇六年フジテレビ版の二つの『アテンションプリーズ』を比較すると、日本航空の協力で本物の施設が使われているなどの共通点はあるが、その物語構造や登場人物たちの設定はおよそ異なることがわかる。ここでは次の二つの相違点に注目したい。

第一に、一九七〇年版では前述したように全三二話のうち前半の一六話が「訓練センター」での研修期間を舞台とし、後半では研修を修了した主人公が世界中で活躍する姿が描かれた。

だが二〇〇六年版では全一一話のすべてにおいて研修期間を舞台とする「学園ドラマ」の設定が採られた。たしかにＯＪＴ（実地訓練）のために登場人物たちが実機に搭乗する場面はあるものの、二〇〇六年版のメインテーマは研修期間を通じた主人公の成長物語にあった。これは同名の一九七〇年版よりも、一九八三年の『スチュワーデス物語』によく似た物語構造であり、なによりも「おてんばなロック好き女子」が「訓練センター」での厳しい研修を通じて「一人前の客室乗務員」に育っていくという物語の主軸は、『スチュワーデス物語』の二一世紀版ともいえる。

TVこのセリフ

「あなたたちの対応がお客様の生死を分けることもあります」

三神たまき（真矢みき）

以前、ドイツのとある空港で、乗り継ぎの飛行機に乗り遅れそうになったことがある。慌てて飛行機に駆け込むと、欧米人のCA（客室乗務員）に「次からは乗せてあげないわよ！」と怒られた。その迫力に思わず「ごめんなさい」と謝った。CAに怒られたのはあれが最初で最後だ。

私のCAの友人たちは、三神（真矢みき）のようなベテランばかり。現実にも美咲洋子（上戸彩）のようなはじけた訓練生はいて、なかなか一筋縄ではいかないらしい。

でも、あの時の外国人CAだって最初は美咲のようだったかも。乗客の命を守る仕事だと気付いた瞬間からプロの顔になっていくものなのでしょう。（ライター・猪熊弘子）

アテンションプリーズ（フジ系 23日放送）

5–2 『アテンションプリーズ』(フジテレビ，2006年)の教官の名台詞
(朝日2006年5月29日)

他方で二〇〇六年版の『アテンションプリーズ』では、『スチュワーデス物語』のもう一つの主軸だった男性教官との恋愛物語は取り除かれていた。「訓練センター」で主人公を厳しく指導し、人間的な成長を促すのは女性のベテラン教官（真矢《まや》みき）であり、そこでは教官との恋愛ではなく、年齢を超えた信頼の獲得と世代を超えた伝統の継承が印象的に描かれていた。

これは同作品の第一の特徴であり、独自のアレンジである。

第二に、二〇〇六年版では、一九七〇年版や一九八三年の

『スチュワーデス物語』よりも圧倒的に描写が増えたシーンがある。それは客室乗務員の独特なお辞儀の仕方、声のかけ方、飲食の提供手順など接客マナーの訓練を描いた場面であり、厳しい研修を経て主人公が成長していき、マニュアルを超えた接客の実現を自他ともに喜ぶシーンの数々である。

これは前章でみた、一九八〇年代半ばに奥谷禮子がその著書で説いた「感性の訓練」を映像化したようなシーンであり、二〇〇六年の『アテンションプリーズ』は歴代の客室乗務員たちが見出した「自分磨き」の伝統を「遺産」として受け継ぎ、さらに応用してそのエッセンスを積極的に増幅していたようにもみえる。

「CA」の社会的浸透

このように二〇〇六年の『アテンションプリーズ』は、一九七〇年の同名のTBS版と一九八三年の『スチュワーデス物語』の二作品を混ぜ合わせたような筋立てを採ることで、それら二つの先行するドラマの遺産を相続しつつも独自にアレンジした物語構造を持つ作品となったといえる。そして同作品では全編を通じて、客室乗務員を「CA」と呼んでいた。

なお二〇〇六年の『アテンションプリーズ』には、もう一つの話題を集める仕掛けが用意されていた。それは主役を演じる人気女優の上戸彩が、日本航空の客室乗務員の歴代制服をそれぞれ着て各回のエンディングに登場し、視聴者の人気投票を募る企画だった。投票の結果、森英恵のデザインによるミニのワンピースの五代目制服が一位を獲得している。それは奇しくも初代のTBS版が放映されたのと同じ、一九七〇年の制服だった。

ほとんど異なる物語構造であるにもかかわらず、一九七〇年の他局の作品をリメイクしたドラマとして制作し、エンディングでは歴代制服を主演女優が着てみせ、そして作品中では客室乗務員としてのマナーや考え方に対する詳細な描写が繰り返されるなど、二〇〇六年にフジテレビが放映した『アテンションプリーズ』は、日本の客室乗務員とそのドラマ作品の遺産を相続しつつ、現代風にアレンジして再活用することを特徴とする作品だったといえる。

なお同年の七月、客室乗務員が主役のドラマが日本テレビ系列でも放送されている。その名も『CAとお呼びっ！』であり、当時連載中だった同名の人気マンガを原作としつつも、こちらは高い視聴率も話題も得られないまま、同年九月に全一一回の放送を終えた。それでも全日空の協力を得て制作された同作品では「CA」がはじめてドラマの題名に使われ、劇中でも「CA」の呼称が連呼されていたことは特筆に値する。さらに二〇〇八(平成二〇)年には全日空の協力を得た映画『ハッピーフライト』が公開された。同作品は客室乗務員を含めた航空の現場で働く人々の群像劇だったが、やはり劇中を通じて「ＣＡ」という呼称が使われていた。

こうして二〇〇〇年代の半ばごろ、日本の客室乗務員は航空会社の違いを超えて「ＣＡ」と呼ばれるようになり、前の世代のスチュワーデスとは一味違ったイメージを獲得していくことになった。その「ＣＡ」たちが手にした「何か」について、次に考えてみたい。

4 「おもてなし」と品格労働

遺産の相続

二〇〇〇年代の日本社会に浸透した「ＣＡ」とは、その前の世代のスチュワーデスと何が違い、両者はどのような関係にあるのだろうか。

この疑問を解く鍵の一つが、前節で検討した一九七〇年のＴＢＳ版と二〇〇六年のフジテレビ版の二つの『アテンションプリーズ』の関係にある。この二つのテレビドラマは「継承」というよりも「相続」の関係にあり、上述のように一九七〇年版の遺産を受け継ぎつつも独自にそれをアレンジして、次世代の物語を生み出したのが二〇〇六年版だった。

そうした遺産相続の関係は、スチュワーデスと「ＣＡ」が取り結ぶ関係にも通じている。つまり「CA」とは、それ以前のスチュワーデスへの批判や否定や対抗によって生まれた、新しい世代の客室乗務員のイメージではなく、また前の世代の単なるリメイクやコピーでもない。むしろ先代たちの遺産を相続し、その所有と活用を通じて次の世代のアイデンティティを再構築していく姿に近い。それゆえ「CA」は客室乗務員の新世代というよりも次世代であり、歴代の客室乗務員たちが生み出した伝統と遺産の相続人たちである、と考えることができる。

　このような遺産相続人としての「CA」の特性を理解するうえで、もう一つ重要な鍵を与えてくれる資料がある。それは全日空の現役「CA」たちが「私」という一人称でその仕事の極意を説く、『キャビンアテンダントのおもてなし』という二〇〇九年の書籍である。

5–3　『キャビンアテンダントのおもてなし』(2009 年)

　全日空が制作協力した映画『ハッピーフライト』の公開から四か月後に公刊された同書は、キャビン・アテンダントと「おもてなし」を結び付けて書名に掲げた最初の本であり、そこでは全日空の客室乗務員が培ってきた「マナー術」を解説して伝授するだけでなく、そうした「おもてなし」の先に位置付けられる「CA」世代の思考を活字化した書籍だった。

たとえば「一昔前までは独身女性の専業のように思われていたキャビンアテンダントの仕事も、いまや六十歳の定年まで現役を続けることができます」という同書は、「一昔前まで」のスチュワーデスとの違いを述べつつ、「ＣＡ」は「決して楽な仕事ではありませんが、自分を豊かに、大きくしてくれる仕事です」と宣言する。ここには「感性の訓練」によって「自分磨き」の達人になる道を説いた、一九八五（昭和六〇）年の奥谷禮子の著書に通底する思考をみることができるだろう。

ただし奥谷は元「日航スチュワーデス」であり、『キャビンアテンダントのおもてなし』は全日空の「ＣＡ」による著書だが、上述したＴＢＳとフジテレビの二つの『アテンションプリーズ』と同様に、二つの航空会社の違いを超えて一九八〇年代のスチュワーデスが見出した「自分磨き」の遺産を相続する「ＣＡ」は、そこに独自のアレンジを加えて次のように呼びかける。

> サービスの仕事は経験を重ねれば重ねるほど奥の深い仕事で、これで終わりということはありません。読者のなかにキャビンアテンダントを志している方がいたら、ぜひ一生の仕事として考えていただけたらと思います。［傍点は引用者］

一九八五年の奥谷の著書では、一生の仕事として客室乗務員を捉えていなかった。これに対して安定した正社員から不安定な短期契約制へ切り替えられた「CA」は、逆説的に一生の仕事として客室乗務員を捉え直し、その「自分を豊かに、大きくしてくれる仕事」において終わりなき「自分磨き」に尽力するという、新たな思考を提示している。こうしてスチュワーデスの遺産を相続しつつ、独自のアレンジをみせる次世代の客室乗務員が見出したものが「おもてなし」であり、同書には「CA」こそ伝統の「おもてなし」の達人であり、その正統なる遺産相続人である、という自意識をみてとることができる。

「おもてなし」と感情労働

この「おもてなし」とは何か。二〇〇九年の『キャビンアテンダントのおもてなし』でタイトルにも掲げられた「おもてなし」とは、英語でいう「ホスピタリティ(hospitality)」の日本語訳とされ、その語は同書の表紙にも大きく描かれている。ホスピタリティとはラテン語のホスピタリタス(hospitalitas)に語源を持ち、それは見知らぬ人や異人を意味するホスペス(hospes)に由来する。同じ語源を持つ派生語には病院(hospital)やホスピス(hospice)、そしてホステル(hostel)やホテル(hotel)などがあり、見知らぬ人を歓待し、飲食や看護の提供をはじめとする配慮を施すことが原義とされる。

いまでは観光の現場や研究で重要概念と目されるホスピタリティだが、その類義語であるサービス(service)と対比して、両者の特徴を弁別して論じる言説が多くみられる。たとえばサービスとは不特定で多数の人々、いわばマス(大衆)に向けた効率重視の標準的な対応であるのに対し、ホスピタリティとは特定の少数あるいは個人に向けた、オーダーメードの最適化された個別対応である、というように。

客室乗務員の例でいえば、食事の前後に飲み物を提供するのが標準的なサービスとすれば、乗客の空のコップに気づいて同じ飲み物のお代わりを用意したり、長時間の国際線で眠れない乗客に声をかけ、温かい飲み物や毛布などを提案する個別対応がホスピタリティとされ、そこには能動的な「気づき」が必要とされるという。それゆえホスピタリティには高度で主体的な関与が求められ、個別の客の状況に最適化された能動的な「おもてなし」を実現する能力が必須とされることから、ホスピタリティはサービスよりも上位の概念と位置付けられる。

そうして理想的なホスピタリティが実践できたとき、ゲストとスタッフの関係は金銭を介した主従の関係から相互的で平等な関係になり、ゲストの満足と感謝がスタッフの自信と「やりがい」を生み出す互恵関係が取り結ばれるという。これはホテルや旅行会社などの観光関連産業に限らず、レストランや小売店などの接客業全般にも、さらに近年では医師や教師や官庁の公務員などにも期待される能力とされ、研修などに取り入れられることも増えている。

ただしホスピタリティには、労働者が自らの感情や「やりがい」を資源として動員し、賃金や職位を得るために酷使する「感情労働」の危険性が常に付きまとう。アメリカの社会学者A・R・ホックシールドがその著書『管理される心』(一九八三)で論じたように、現代の労働者たちには理不尽な客の要求にも笑顔で対応することが求められ、自らの感情を管理するスキルと標準的なサービスに付加価値を生み出す能力が常に要求される。もはや現代人は肉体労働者や頭脳労働者であるよりも感情労働者であり、その象徴が航空会社の客室乗務員であるとホックシールドは指摘する。そして上述した接客業のスタッフや医師や教師や公務員も、あるいは現代社会の多くの労働者が、程度の差こそあれ客室乗務員と同様に感情労働者であり、自らの感情を労働の資源として管理し活用することが要求される感情労働に従事しているといえる。

そうして動員される感情の質と量が高まるほどに、われわれは精神や情緒が疲弊し、ときに取り返しがつかなくなるほどに自らの感情から疎外されていく。それでも賃金低下や解雇の影に苛《さいな》まれる現代の感情労働者たちには、自分の感情を「高度化」していき、その対価を得るための「商品化」に勤しむほか術がない。このようにホックシールドがアメリカの客室乗務員を事例に論じた「感情の商品化」は、サービスよりもホスピタリティにおいて生じやすいが、さらに日本の客室乗務員の歴史をみてきた本書では、ここにもう一つ別の水準の問題が発生しやすいことに気づく。それは欧米のホスピタリティとは異なる水準と論理において感情の資源化と動員を求める傾向にある、日本の「おもてなし」に特有の問題である。

「CA」の「レガシー」

上述した日本型ホスピタリティとしての「おもてなし」には、「気づき」や「感性の訓練」や「自分を豊かに、大きくしてくれる仕事」など、その従事者の人格に深く関与する言説が結び付いてきた。そうした日本の「おもてなし」の実践によって期待されるのは、より多くの賃金や上位の職ではなく、より高度な「自分磨き」の機会であることが異口同音に説かれてきた。たとえば上質な「気づき」が生み出す「おもてなし」は、お客様のためだけではなく、自分自身の人格を磨き育てることにもつながるため、その能力を探求することは欧米のようにお金儲けのためではなく、「自分を豊かに」するために有益である、という具合に。

とくに一九八〇年代のスチュワーデスが見出した「感性の訓練」と「自分磨き」の「任務

精錬していくための核心的な遺産となったことを、ここでは重視したい。

このとき欧米のホスピタリティと日本の「おもてなし」の最大の違いは、感情の商品化に対する評価の違いにおいて顕著に現れる。前者では雇用先からの賃金だけでなく、チップに象徴される個別の対価とその金額の多寡による評価が期待されるのに対し、日本の「おもてなし」はチップなどの金銭的対価を極端に忌み嫌う。むしろ日本の「おもてなし」では、無償の自発的な奉仕であることを裏付けとする「非商品化された感情」こそが尊ばれ、相手の見返りを求めない潔さによって質的に保証される「自分磨き」の実践という、非金銭的で人格的な機会こそを期待する。いわば金のためではなく人のため、他人のためではなく自分のために喜んでおこなうのが、理想的で伝統的な日本の「おもてなし」とされる。そして一九八〇年代のスチュワーデスの「自分磨き」や、二〇〇〇年代の「CA」の「自分を豊かに、大きくしてくれる仕事」と同様に、その修得に終わりはない。

このような非商品化と自己研鑽こそが、日本型ホスピタリティとしての「おもてなし」を特徴づける論理であり、それは日本の客室乗務員の遺産を相続した「CA」たちこそが所有する「レガシー」でもある。

日本の品格労働

このとき「おもてなし」する主体に精神的な「美しさ」や「豊かさ」などの審美的価値を求めて、その達成度を測る尺度として伝統や教養を用いる思考様式が結び付く場合が多々ある。たとえば先述した『キャビンアテンダントのおもてなし』には、「あるキャビンアテンダントのエピソードです」という「おことわり」からはじまる、次のような文章が収録されている。

新人のころ、先輩から「あなたは喋ったらもったいないわ」と言われたとのこと。一瞬「?」と思う言い回しですが、要は黙っていればキャビンアテンダントとして、女性として素敵なのに、口を開いたとたんに三枚目になってしまう、という意味だったそうです。［中略］

その先輩は一般常識や社会人としてのマナーを彼女にたたき込み、女性としての教養を身につけるために、さまざまな本を彼女に紹介しました。敬語についての本や手紙の書き方、歳時記なども……。いわく「手紙を書く機会や歳時記を使う機会がたとえなかったとしても、知っているだけで自分が豊かになる」。

先輩からの愛ある厳しい指導が、新人キャビンアテンダントの品格を育てるのです。

［傍点は引用者］

かつて一九八〇年代のスチュワーデスが見出した「感性の訓練」と「自分磨き」の先には、個人的な水準で磨かれる人格とその個性があった。そうした遺産の相続人である二〇〇〇年代の「CA」が説く「おもてなし」には、かつてと同様に「感性の訓練」と「自分磨き」が期待されるが、しかしその先には個人レベルの人格や個性ではなく、伝統や教養に照らし合わせて審美的価値が問われる、集合的なレベルの「品格」がある。

ここで本書の冒頭で記した問いに、答えることができるだろう。日本の客室乗務員、なかでも歴代の客室乗務員たちから正統なる遺産を相続した「CA」の「おもてなし」には、理不尽な精神的従属や感情からの疎外を強要される感情労働を超えた、「何か」があるように思える。その「何か」とは品格である。そこでは「美しさ」や「豊かさ」などの集合的で伝統的な審美的価値に対する同化の達成度によって品格のグレードが測定され、個人的な「自分磨き」によって集合的な主体像への終わりなき同化に励み続けることが期待される。人格は一人で磨き高めることができるが、品格は集合的な価値の結晶体であり、それは先代たちの遺産の相続によってこそ獲得し、自ら所有することができる。

そこに日本の客室乗務員たちの遺産相続人としての「CA」が先導する、日本の「おもてなし」に特有な品格労働が生じる。品格労働の特徴は、「感情の商品化」をともなう感情労働の論理とは異なり、その実践者に非商品化された自発的な無償奉仕を求めつつ、個人的な人格に集合的な品格への同化を促すことにあり、いわば自身の品格を磨くために対価を求めない無償奉仕の「おもてなし」を自ら喜んでおこなう思考様式にある。そして先に引用した「先輩からの愛ある厳しい指導」が説くように、日本の「おもてなし」には接客スキルの洗練や熟練よりも、「一般常識」や「社会人としてのマナー」や「女性としての教養」の修得が求められる。日本の「おもてなし」では、個々人の感情を超えた集合的で審美的な「美しい日本の私」の品格こそが、究極の労働資源となるためである。

こうして「CA」が遺産相続した「おもてなし」は、二〇一三(平成二五)年を転機として日本社会に沸き起こった「おもてなし」のブームに合流して、新たな展開をみせていくことになる。そのとき「おもてなし」の達人を自任する「CA」たちは、日本の「おもてなし」とその品格労働を先導する社会的役割を自ら担っていったことから、そうした二〇一三年以降の状況を本書の最後にみたい。

おわりに――「おもてなし」化する日本社会　（二〇一三―二〇年）

転換への合言葉

二〇一三（平成二五）年九月七日（日本時間）、アルゼンチンのブエノスアイレスで国際オリンピック委員会の総会が開かれ、二〇二〇年夏季オリンピック大会の開催地を決する投票がおこなわれた。

翌八日未明に投票結果が判明し、東京が選出されると、「あるシーン」が繰り返し報道され、東京五輪を象徴する合言葉が生まれた。それは日本の首都での五輪開催を呼びかけた最終演説者の一人、滝川クリステルが独特な身振りとともに発した、「おもてなし」という言葉だった。「おもてなし」は同年の新語・流行語大賞に選ばれ、滝川を時の人にした。そうして突如発生した五輪開催の潮流に乗るため、さまざまな主体が「おもてなし」を合言葉に動き出した。

たとえば全日空は滝川の「おもてなし」演説から三か月後、本書の冒頭でも触れた「ＯＭＯＴＥＮＡＳＨＩの達人」コンテストを開催した。前章でみた『キャビンアテンダントのおもて

東京五輪の「おもてなし」を説く滝川クリステル(2013年9月, ©ゲッティ＝共同)

なし』という書を公刊していた同社は、その客室乗務員こそが日本の「おもてなし」、つまり世界に誇る「OMOTENASHI」の達人であることを社内外にアピールするため、自社の「CA」たちが機内サービス(または機内ホスピタリティ)を実演して競う行事を公開した。

その二〇一三年、全日空はすべての客室乗務員を翌年度から正社員として採用する方針を発表した。「格安航空会社(LCC)などとの競争が激しく、雇用が安定する採用で優秀な人材の確保をはかる」ためという(朝日同年八月二〇日)。日本航空も二年遅れて正社員化を復活し、約二〇年続いた「アルバイト・スチュワーデス」制度が解消された一方で、大手航空二社の「CA」たちは「会社の顔」として「おもてなし」のより高度な実践を求められていった。

同じく二〇一三年には、日本を訪れる外国人(インバウンド)が初めて年間で一〇〇〇万人の大台を超えた。そこからインバウンド数は増え続け、三年後の二〇一六(平成二八)年に約二四〇〇万人に急増、二〇一八(平成三〇)年には三〇〇〇万人を突破した。この間にはインバウン

ド と日本人の出国者（アウトバウンド）の数が、およそ半世紀ぶりに逆転している。
こうした「インバウンド・バブル」は、東京五輪の二〇二〇（令和二）年そして大阪・関西万博の二〇二五年まで続くことが期待され、その間に日本政府はカジノを中核とする統合型リゾート（IR）の建設を計画するなど、観光の新機軸が続々と準備されていった。一九九〇年代の「バブル崩壊」から長引く社会沈下を脱するため、久しぶりの「バブル」発生に沸き立つ二〇一三年以降の日本は、インバウンドを歓迎する観光立国、あるいは「おもてなし」の国へ変貌していった。

客室を超え出る「レガシー」

このとき自らの実務経験をもとに「おもてなし」を論じる主体、たとえば有名ホテルの接客担当者、老舗旅館の女将、高級料亭の主人、人気ツアーの添乗員などが数多く出現したが、なかでも独特な説得力を発したのが、客室乗務員だった。とくに豊富な国際経験を持つ元「CA」たちは、著書や講演やメディア出演などを通じて客室乗務員が誇る「おもてなし」を広めていき、やがて「おもてなし学」を掲げて大学教員に転身する者も現れた。

「CA」が説く「おもてなし」とは、単なる接客のマナーやスキルに留まらない。歴代の客室乗務員の末裔であり、その遺産の正統なる相続人でもある「ＣＡ」は、先代たちから伝え統《す》べた品格労働の価値を解説し、サービスを超えた日本型ホスピタリティの精神を異口同音に説いて回った。前章でみたように品格労働とは、対価を求めない無償奉仕、終わりなき自己研鑽、そして伝統や教養に裏打ちされた集合的で審美的な品格への同化、という三つを特徴とする、日本型ホスピタリティとしての「おもてなし」に特有の思考様式である。それはお金のためでなく、他人のためでもなく、自分を磨くために伝統の「おもてなし」を実践し、その先に日本人としての品格を共有する、という考え方である。

たとえば「おもてなし　ＣＡに学ぶ」と題した二〇一七(平成二九)年六月二九日の『朝日新聞』の記事によれば、福岡県のある役場が「日本航空(ＪＡＬ)の客室乗務員(ＣＡ)を講師に招き、接遇マナーの研修」を開き、全職員が参加したという。「個性はあってもいいが、自分の気持ちを優先する「おしゃれ」と、相手がどう感じるかを考える「身だしなみ」は違います」と説く「ＣＡ」の講習を受けた職員は「さすがＪＡＬ。私たちも日頃から窓口や電話の対応に気をつけていますが、役場はまだ「もてなす」というのが足りないかもしれない」といい、別の職員は「職員全員でおもてなしの心を共有できれば」と述べている(5章扉を参照)。

こうして「ＣＡ」の「おもてなし」は旅客機の客室を超え出て、日本社会へ広く浸透するように翻案され、伝播していった。そのとき「CA」が相続した日本の「おもてなし」は客室乗務員だけの占有物ではなく、日本社会の「全員」で相続すべき「レガシー」、すなわち後世へ守り継がれるべき肯定的遺産として捉えられた。そして日本人の一人ひとりが「おもてなし」という「レガシー」に目覚めてその品格労働に邁進することは、個人的な「自分磨き」に留まらず、社会的な「日本磨き」へと通じるとされる、新たな潮流を生み出していった。

「おもてなし」ナショナリズムの潮流

たとえば二〇一九(令和元)年七月一八日の『読売新聞』の記事によれば、日本航空の客室乗務員の経験をもとに筑波大学で「おもてなし学」を担当する江上いずみ・客員教授は、「一五〇人の定員に対し、受講希望者は六〇〇人を超えるほどの人気」の講義を同大学で開講するかたわら、「五輪・パラリンピック教育(オリパラ教育)の一環として小中高校などでも年約一五〇回、「おもてなし」について教えている」という。そのなかで「外国人から見て日本は「おもてなし大国」の印象がある。日本の文化や国際的なマナーを学び、ホスト国の国民として恥ずかしくない対応をしてほしい」と呼びかけてきたことが伝えられている。

二〇一三年以降の「インバウンド・バブル」に沸く日本では、増え続ける訪日外国人にむけて「おもてなし」の品格労働を実践すればするほど、その主体は「日本人の品格」を修得し、さらに自ら「理想的な日本人」になっていくという、日本型ホスピタリティに独特なアイデンティティ構築のルートが拓かれていった。八万人の募集に対し二〇万人が応募したとされる二〇二〇年の「東京五輪ボランティア」は、そうした「おもてなし大国」の象徴である。

ここには訪日外国人のためではなく自分のため、そして自分が帰属する日本のため、世界に誇る「日本磨き」の品格労働に自ら望んで尽力するという、「おもてなし」ナショナリズムともいえるような、この時代に特徴的な思考の様式をみることができる。

客室乗務員のゆくえ

このような「おもてなし」化の激流の中で、「CA」は新たなイメージへと転換する兆しを、いくつか示しはじめている。

たとえば二〇一九年には、男性の客室乗務員を主役とする二本のテレビドラマが放映された。うち一本はフジテレビ系列が同年九月二四日の特別枠で放送した『FLY! BOYS, FLY! 僕たち、CAはじめました』であり、LCCのジェットスター・ジャパンの協力によって同社の訓練センターや空港施設などで撮影された、男性新人「CA」の成長物語だった。もう一本はテレビ朝日系列が同年一一月二日から一二月二一日までの全八話、毎週土曜日の二三時一五分から五〇分間の枠に放送した『おっさんずラブ-in the sky-』である。これは二〇一六年末に単発で放映され、二〇一八年に全七回の連続ドラマとなり、そして二〇一九年夏には映画化もされた人気作品の第二シーズンであり、成人男性たちの間に芽生えた同性の純愛を描くコメディ調のドラマだった。前作では不動産会社を物語の舞台としたが、今作では航空会社に舞台を移し、やはりLCCのピーチ・アビエーションの全面協力のもと制作された。

これら二〇一九年のドラマに協力したLCCの二社には、航空大手二社より多くの男性客室乗務員が在籍しているものの、しかしいまだ少数派である。それにもかかわらず男性「CA」を主人公とした二本のテレビドラマが同時期に放送されたことは、特筆に値するだろう。

さらに同年の夏、日本航空が通算で一一代目となる客室乗務員の新しい制服を発表した。ここで注目を集めたのは、同社が従来のスカートに加え、初めてパンツスタイルを採用したことだった（朝日同年七月二四日）。欧米系の航空会社や日本のLCCでもパンツスタイルの制服はすでに定着しているが、日本の「レガシー・キャリア」の一角が変わりつつある新たな動きとして、オリンピック・イヤーの春に登場する日本航空の新制服はニュースになった。

このような「CA」をめぐる変化の兆しは、何を意味しているのだろうか。それは性別をはじめとする日本の客室乗務員のイメージが多様化し、その社会的役割が転換する予兆だろうか。それとも女性だけでなく男性もＬＧＢＴＱも含めた「全員」で「ＣＡ」化することで、「おもてなし」ナショナリズムと品格労働を合言葉に社会統合を目指す、日本社会の姿だろうか。

こうして日本の「おもてなし」を先導してきた「ＣＡ」が、その社会的役割を今後も担い続けるのか、それとも新たな転換をみせるのか、変化の真っ只中にある現時点からは見通すことが難しい。ただ一つ明らかなことは、客室乗務員をめぐる新たなイメージが出現するとすれば、それは航空界に限定して捉えるべき出来事ではないことである。本書で議論してきたように、そこにどのようなイメージが結晶化し、いかなる社会的役割が期待されるのかを問うことは、日本社会のあり方を考えるうえで重要な材料を与えてくれるだろう。

これからも客室乗務員が描く航跡から、目が離せない。

あとがき

「シー・エーになります」といわれても、なんのことか、わからなかった。

講義の後に、鋭い質問をする学生がいた。専門的な学術書を紹介すると翌週には読み終え、さらに問いを深めてくる。あまりに熱心なので、来春の卒業後は大学院へ進学ですか、とたずねたところ、冒頭の答えがかえってきた。

ああスチュワーデスのことね、と返せば、シー・エーですよ、と訂正された。

一〇年あまりお世話になった関西大学から、語学教育に力を入れた獨協大学へ移った筆者は、複数の言語に堪能で、学ぶこと自体に喜びを見出すような優秀な学生たちとたくさん出会った。そのなかには客室乗務員の志望者が一定数いることに気付き、同僚に話せば「そうなんです、もったいないですよね」といわれた。同感だったが、違和感も芽生えた。

なぜ客室乗務員は「憧れ」の仕事になり、「もったいない」職業にもなり得るのか。いつからそれは「CA」と呼ばれ、独特なイメージが宿るようになったのか。客室乗務員の文献を調べたが、日本語では社史や体験記ばかりで、外国語では労働史やジェンダー研究の視角から問う文献が多かった。後者の英語文献を学生たちと読み進めたが、どうも日本の文脈とは接続し難い分析が続き、「CA」という〝固有種〟が誕生した背景がみえてこない。日本の客室乗務員の歴史を通観し、その独特な変遷を読み解く一冊がほしいと思ったことが、本書の種となった。

歴史社会学の手法をとる筆者は、日本の客室乗務員のイメージ変遷を追うことに注力したが、書き切れずに落とした資料や議論は多く、とくに前述の海外研究動向を十分に活かせなかった。客室乗務員は、さらに多様な視角から掘り下げる価値を持つ、じつに奥深いテーマである。

このような背景からも明らかなように、本書は筆者が一人で書いたものではない。諸般の事情からお名前は記さないが、客室乗務員の現役、退職者、そして関係者をはじめ、取材に協力してくださった方々へ、心からお礼申し上げたい。

獨協大学では素晴らしい同僚と学生に恵まれた。とくに永野隆行先生、鈴木涼太郎先生、須永和博先生からは公私にわたり多くの助力と刺激を頂戴している。内山貴子氏と林真弓氏はじめ同大学図書館、兼田博美氏と大坂元氏はじめ同大学教育研究推進課の皆様のご支援がなければ、筆者の研究活動は成り立たない。探究心にあふれる優れたゼミ生たちにも感謝したい。

本書は観光社会学の一作であり、この領域を先導される遠藤英樹先生(立命館大学)と須藤廣先生(法政大学)の後ろ姿を、新参者の筆者は追い続けている。遠藤先生は、『観光のまなざし』

第三版(*The Tourist Gaze 3.0*)の共著者J・ラースン(Jonas Larsen)先生と感情労働論について議論する機会を与えてくださり、立命館大学(と近くの居酒屋)で得た着想が本書の出発点となった。同大学の藤巻正己先生と神田孝治先生にもお礼申し上げたい。本書の草稿を読み、観光研究の先達として意見をくださった立教大学の千住一先生と高岡文章先生へも感謝を記したい。

ミシガン大学のM・アワーバック(Micah L. Auerback)先生は、最新の研究方法と思慮深い助言で筆者の着想に形を与え続けてくださっている。その卓抜した知性と友情に深く感謝したい。

前作『グアムと日本人』に続き、岩波書店の上田麻里氏の手綱さばきで、寄り道しがちな筆者はなんとか目的地までたどりつくことができた。とくに後半の議論は上田氏のご指導と資料提供がなければ書くことは叶わなかった。衷心よりお礼申し上げます。

さいごに、住みよい大阪千里を離れて筆者の地元へ移住し、ともに暮らしてくれる妻と息子、そして父と母、兄とその家族に感謝したい。いまは小学校に通う息子がやがて社会に出るころ、日本の客室乗務員はどのような呼称になり、いかなる姿をしているのだろうか。

二〇二〇年一月

山口 誠

現代世界

トランプのアメリカに住む　吉見俊哉
ライシテから読む現代フランス　伊達聖伸
ベルルスコーニの時代　村上信一郎
イスラーム主義　末近浩太
ルポ 不法移民 アメリカ国境を越えた男たち　田中研之輔
習近平の中国 百年の夢と現実　林　望
日中漂流　毛里和子
中国のフロンティア　川島　真
シリア情勢　青山弘之
ルポ トランプ王国　金成隆一
ルポ 難民追跡 バルカンルートを行く　坂口裕彦
アメリカ政治の壁　渡辺将人
プーチンとG8の終焉　佐藤親賢
香港 中国と向き合う自由都市　倉田　徹／張イクマン
〈文化〉を捉え直す　渡辺　靖

イスラーム圏で働く　桜井啓子編
中南海 知られざる中国の中枢　稲垣　清
フォト・ドキュメンタリー 人間の尊厳　林　典子
㈱貧困大国アメリカ　堤　未果
女たちの韓流　山下英愛
新・現代アフリカ入門　勝俣　誠
中国の市民社会　李　妍焱
勝てないアメリカ　大治朋子
ブラジル 跳躍の軌跡　堀坂浩太郎
非アメリカを生きる　室　謙二
ネット大国中国　遠藤　誉
中国は、いま　国分良成編
ジプシーを訪ねて　関口義人
中国エネルギー事情　郭　四志
アメリカン・デモクラシーの逆説　渡辺　靖
ユーラシア胎動　堀江則雄
オバマ演説集　三浦俊章編訳
ルポ 貧困大国アメリカII　堤　未果

オバマは何を変えるか　砂田一郎
イスラエル　臼杵　陽
ネイティブ・アメリカン　鎌田　遵
アフリカ・レポート　松本仁一
ヴェトナム新時代　坪井善明
イラクは食べる　酒井啓子
ルポ 貧困大国アメリカ　堤　未果
エビと日本人II　村井吉敬
北朝鮮は、いま　北朝鮮研究学会編　石坂浩一監訳
欧州連合 統治の論理とゆくえ　庄司克宏
バチカン　郷富佐子
国際連合 軌跡と展望　明石　康
アメリカよ、美しく年をとれ　猿谷　要
日中関係 戦後から新時代へ　毛里和子
いま平和とは　最上敏樹
「民族浄化」を裁く　多谷千香子
サウジアラビア　保坂修司
中国激流 13億のゆくえ　興梠一郎

岩波新書新赤版一〇〇〇点に際して

ひとつの時代が終わったと言われて久しい。だが、その先にいかなる時代を展望するのか、私たちはその輪郭すら描きえていない。二〇世紀から持ち越した課題の多くは、未だ解決の緒を見つけることのできないままであり、二一世紀が新たに招きよせた問題も少なくない。グローバル資本主義の浸透、憎悪の連鎖、暴力の応酬——世界は混沌として深い不安の只中にある。

現代社会においては変化が常態となり、速さと新しさに絶対的な価値が与えられた。消費社会の深化と情報技術の革命は、種々の境界を無くし、人々の生活やコミュニケーションの様式を根底から変容させてきた。ライフスタイルは多様化し、一面では個人の生き方をそれぞれが選びとる時代が始まっている。同時に、新たな格差が生まれ、様々な次元での亀裂や分断が深まっている。社会や歴史に対する意識が揺らぎ、普遍的な理念に対する根本的な懐疑や、現実を変えることへの無力感がひそかに根を張りつつある。そして生きることに誰もが困難を覚える時代が到来している。

しかし、日常生活のそれぞれの場で、自由と民主主義を獲得し実践することを通じて、私たち自身がそうした閉塞を乗り超え、希望の時代の幕開けを告げてゆくことは不可能ではあるまい。そのために、いま求められていること——それは、個と個の間で開かれた対話を積み重ねながら、人間らしく生きることの条件について一人ひとりが粘り強く思考することではないか。その営みの糧となるものが、教養に外ならないと私たちは考える。歴史とは何か、よく生きるとはいかなることか、世界そして人間はどこへ向かうべきなのか——こうした根源的な問いとの格闘が、文化と知の厚みを作り出し、個人と社会を支える基盤としての教養となった。まさにそのような教養への道案内こそ、岩波新書が創刊以来、追求してきたことである。

岩波新書は、日中戦争下の一九三八年一一月に赤版として創刊された。創刊の辞は、道義の精神に則らない日本の行動を憂慮し、批判的精神と良心的行動の欠如を戒めつつ、現代人の現代的教養を刊行の目的とする、と謳っている。以後、青版、黄版、新赤版と装いを改めながら、合計二五〇〇点余りを世に問うてきた。そして、いままた新赤版が一〇〇〇点を迎えたのを機に、人間の理性と良心への信頼を再確認し、それに裏打ちされた文化を培っていく決意を込めて、新しい装丁のもとに再出発したいと思う。一冊一冊から吹き出す新風が一人でも多くの読者の許に届くこと、そして希望ある時代への想像力を豊かにかき立てることを切に願う。

（二〇〇六年四月）

山口 誠

1973年 東京都生まれ
2002年 東京大学大学院人文社会系研究科博士課程
修了，博士(社会情報学)
現在—獨協大学外国語学部教授
専門—メディア研究，観光研究，歴史社会学
単著—『英語講座の誕生』(講談社，2001年)，『グアムと日本人』(岩波新書，2007年)，『ニッポンの海外旅行』(ちくま新書，2010年)
共著—『「地球の歩き方」の歩き方』(新潮社，2009年)，『複数の「ヒロシマ」』(青弓社，2012年)，『「知覧」の誕生』(柏書房，2015年) など

客室乗務員の誕生
—「おもてなし」化する日本社会　岩波新書(新赤版)1825

2020年2月20日　第1刷発行

著　者　山口《やまぐち》 誠《まこと》

発行者　岡本 厚

発行所　株式会社 岩波書店
〒101-8002 東京都千代田区一ツ橋 2-5-5
案内 03-5210-4000　営業部 03-5210-4111
https://www.iwanami.co.jp/

新書編集部 03-5210-4054
http://www.iwanamishinsho.com/

印刷・理想社　カバー・半七印刷　製本・中永製本

ISBN 978-4-00-431825-5　Printed in Japan
NexTone 許諾番号 PB44995号

関連略年表

元号：大＝大正，昭＝昭和，平＝平成，令＝令和
略称：JAL＝日本航空，ANA＝全日空，JAS＝日本エアシステム

年	客室乗務員と航空界	社会の出来事
1926(大15)(昭元)		12. 大正天皇死去，昭和に改元
1927(昭2)	3. パン・アメリカン航空(パンナム)の設立(米国) 7. ボーイング・エアトランスポート社が定期便就航(BAT社，後のユナイテッド航空，米国)	3. 昭和金融恐慌発生 12. 浅草・上野間に地下鉄開業
1928(昭3)	9. 東京航空輸送の設立(相羽有) 10. 日本航空輸送の設立(初の国策航空会社)	2. 初の普通選挙 6. 改正治安維持法(死刑と無期刑の追加)
1929(昭4)		10. 世界恐慌(Black Thursday)の発生
1930(昭5)	5. 世界初の「スチュワーデス」E・チャーチの登場(後の「オリジナル・エイト」，BAT社，米国)	
1931(昭6)	3. 日本初の客室乗務員「エアガール」の誕生 8. 羽田飛行場の開設(後の羽田空港) 8. リンドバーグ夫妻の訪日(パンナムの宣伝活動)	9. 満州事変勃発
1932(昭7)		3. 満州国建国宣言 5. 五・一五事件
1933(昭8)		1. ヒトラー独首相就任 3. 日本が国際連盟脱退
1934(昭9)	7. 独占禁止法のためボーイング社からBAT社がユナイテッド航空として分離設立(米国)	9. 室戸台風(死者・不明者3036人)
1935(昭10)	11. パンナム「チャイナ・クリッパー」(米国から中国への長距離連絡便)の就航	

1936 (昭 11)	**5.** 2 代目エアガールの登場(相羽有/東京航空)	**2.** 二・二六事件 **8.** ベルリン五輪
1937 (昭 12)		**7.** 盧溝橋事件(日中戦争勃発)
1938 (昭 13)	**12.** 大日本航空の設立(日本航空輸送の後継の国策会社)	**4.** 国家総動員法公布
1939 (昭 14)		**9.** 英仏が独に宣戦布告,第二次世界大戦勃発
1940 (昭 15)		**11.** 紀元二六〇〇年記念式典
1941 (昭 16)	**9.** エアガールの廃止(大日本航空)	**12.** 日本が米英等に宣戦布告,太平洋戦争勃発
1942 (昭 17)	**9.** 爆撃機 B29 初飛行(戦後の大型旅客機の原型)	
1943 (昭 18)		**9.**「絶対国防圏」設定 **9.** イタリア無条件降伏
1944 (昭 19)		**7.** サイパン陥落 **8.** グアム陥落
1945 (昭 20)	**8.** GHQ による日本の飛行禁止令 **10.** 大日本航空の解散	**4.** 米軍が沖縄本島上陸 **8.** 日本の無条件降伏,大平洋戦争終結 **9.** 連合国の日本占領開始
1946 (昭 21)		**11.** 日本国憲法公布
1947 (昭 22)	**9.** パンナムが日米定期便を開設,世界一周線の運航を開始	**5.** 日本国憲法施行
1948 (昭 23)		**11.** 極東国際軍事裁判所の有罪判決
1949 (昭 24)		**10.** 中華人民共和国成立
1950 (昭 25)	**6.** GHQ の航空政策の転換 **12.** 航空庁の設置(松尾静磨が長官)	**6.** 朝鮮戦争勃発 **8.** 警察予備隊設置
1951 (昭 26)	**1.** GHQ 飛行禁止令の解除 **7.** 戦後初のエアガール募集(後の JAL) **8.** 日本航空(JAL)の設立 **8.** JAL 初代制服(3 種類の 1 番目)	**9.** サンフランシスコ講和条約締結

	＊客室乗務員の呼称の混在(エアガール，エアホステス，スチュワーデス)	
1952 (昭 27)	4. もく星号事故，37 人死亡 12. 極東航空の設立(後の ANA の一部) 12. 日本ヘリコプター輸送の設立(後の ANA の一部)	4. 占領の終了，日本の再独立 5. 血のメーデー事件
1953 (昭 28)	6. JAL「スチュワーデス」の呼称を採用 8.「日航法」施行，JAL の実質的な公社化 11. 東亜航空の設立(後の JAS の一部)	2. NHK テレビ放送開始
1954 (昭 29)	2. JAL2 代目制服 2. JAL 国際線に初就航．この後に着物による機内サービスの開始	3. 第五福竜丸がビキニ環礁沖で被爆
1955 (昭 30)	9. 日本ヘリコプター輸送初の客室乗務員の募集 11. 同社初代制服	11. 自由民主党結成(五五年体制)
1956 (昭 31)		12. 日本が国際連合に加盟
1957 (昭 32)	12. 日本ヘリコプター輸送が全日本空輸(ANA)に改称	10. ソ連が人工衛星の打上成功(スプートニク・ショック)
1958 (昭 33)	3. ANA が極東航空と合併 9. ANA2 代目制服	
1959 (昭 34)	5. JAL と ANA の提携開始，他方で両社の新機材競争が激化	4. 皇太子御成婚ブーム
1960 (昭 35)	8. JAL3 代目制服	6. 新日米安全保障条約発効 12. 所得倍増計画(池田政権)
1961 (昭 36)	5. JAL スチュワーデスの呼称を「ホステス」に変更	8. 東ドイツでベルリンの壁の建設開始
1962 (昭 37)		10. キューバ危機
1963 (昭 38)		11. ケネディ米大統領暗殺
1964	4. 海外渡航の自由化	10. 東京五輪 1964 開催

(昭 39)		
1965 (昭 40)	1. JALPAK(ジャルパック)の発売	2. 米軍の北ベトナム爆撃(北爆)開始
1966 (昭 41)	3. ANA3 代目制服 12. JAL ホステスの呼称をスチュワーデスに戻す *重大事故の頻発(2, 3, 11 月)	6. 新東京国際空港建設をめぐる「三里塚闘争」の勃発
1967 (昭 42)	3. JAL4 代目制服 3. JAL 世界一周線の開設	
1968 (昭 43)	4. 神田外語学院が「スチュワーデス科」新設 *採用試験の市場化へ	12. 川端康成がノーベル文学賞受賞
1969 (昭 44)	2. B747(ジャンボ)初飛行(翌年 1 月にパンナムが初実用)	1. 大学紛争の激化 10. 全米でベトナム反戦運動が広まる
1970 (昭 45)	3. ANA4 代目制服 7. JAL がジャンボ就航 7. JAL5 代目制服(森英恵デザインのミニワンピース) 8. ドラマ『アテンションプリーズ』(TBS, 〜翌年 3 月) 11. 航空企業の運営体制について閣議了解	3–9. 大阪万博開催 3. 雑誌『an・an』創刊 10. 国鉄「ディスカバー・ジャパン」キャンペーン開始(〜73 年)
1971 (昭 46)	2. ANA 初の国際線チャーター便の就航(東京・香港線) 5. 東亜航空と日本国内航空が合併し東亜国内航空が発足(後の JAS)	5. 雑誌『non-no』創刊 8. 為替変動相場制へ移行
1972 (昭 47)	7. 運輸大臣通達による「四五・四七体制」の確立(航空各社の役割分担) *ハイジャックの多発(この年だけで世界合計 108 件)	2. 札幌冬季五輪開催 5. 沖縄返還 9. 日中国交正常化共同宣言 *「アンノン族」出現
1973 (昭 48)	*JAL 年間 1000 人を超える客室乗務員を採用(翌 74 年も)	2. 為替の完全変動相場制移行 10. 第 1 次オイルショック
1974 (昭 49)	3. ANA5 代目制服 9. JAL「未婚条項」の廃止	
1975 (昭 50)	4. JAL と ANA 客室乗務員採用中止(翌 76 年も), 男性客室乗務職	4. ベトナム戦争終結(サイゴン陥落)

	の採用停止	7. 沖縄国際海洋博覧会(〜翌年1月)
1976(昭51)	2. ロッキード事件 10. JAL「体力重視」の採用基準へ(翌年度採用から適用)	
1977(昭52)	10. JAL6代目制服	
1978(昭53)	5. 新東京国際空港(成田)の開港 10. 民間航空規制緩和法(エアライン・デレギュレーション法)の施行(米国)	11. 国鉄「いい日旅立ち」キャンペーン開始(〜84年)
1979(昭54)	1. ANA6代目制服	1. 第2次オイルショック 5. サッチャー政権(英国, 〜90年11月)
1980(昭55)	3. JAL「出産条項」と「40歳定年制」の廃止.「辞めないスチュワーデス」の増加	9. イラン・イラク戦争勃発
1981(昭56)	5. フリークエント・フライヤー(マイレージ)プログラムの登場(米国)	1. レーガン政権(米国, 〜89年1月)
1982(昭57)	3. ザ・アールの設立(奥谷禮子) 12. ANA7代目制服	11. 中曽根政権(〜87年11月)
1983(昭58)	10. ドラマ『スチュワーデス物語』(TBS, 〜翌年3月) *JALがパンナムを抜いて国際輸送実績世界一位に	4. 東京ディズニーランド開園
1984(昭59)	12. JAL7代目制服のデザイン公募コンテスト開催	6. 沢木耕太郎「深夜特急」連載開始(『産経新聞』, 〜翌年8月)
1985(昭60)	1. 書籍『日航スチュワーデス　魅力の礼儀作法』(奥谷禮子) 7. JALコーディネーションサービス(接客マナー講習の子会社)の設立 8. 雑誌『スチュワーデスmagazine』の創刊(後の『エアステージ』) 8. 日航123便墜落事故(御巣鷹事故), 520人死亡	4. 電電公社と専売公社の民営化 5. 男女雇用機会均等法成立 9. プラザ合意 *このころ新興の低価格航空会社(LCC)が欧州で相次ぎ設立
1986	3. ANA国際定期便(東京・グアム	5.『深夜特急』(沢木耕

(昭61)	線)の就航	太郎)の単行本化 ＊「バブル景気」の兆し
1987 (昭62)	9. JAL外国人客室乗務員の大規模採用計画の発表 11.「日航法」の廃止，JAL完全民営化	4. 国鉄の分割民営化
1988 (昭63)	1. ANAスチュワーデスを「キャビン・アテンダント」へ正式改称 1. JAL7代目制服 4. 東亜国内航空が日本エアシステム(JAS)へ名称変更	6. リクルート疑惑事件
1989 (昭64) (平元)		1. 昭和天皇死去，平成に改元 6. 天安門事件 11. ベルリンの壁崩壊
1990 (平2)	11. ANA8代目制服	＊「バブル景気」の終焉
1991 (平3)	12. パンナムの倒産	1. 湾岸戦争勃発
1992 (平4)		6. PKO協力法成立
1993 (平5)		5. Jリーグ開幕
1994 (平6)	8. 客室乗務員の短期契約制の導入にともなう「アルバイト・スチュワーデス」問題の発生 9. 関西国際空港の開港	
1995 (平7)		1. 阪神・淡路大震災 3. 地下鉄サリン事件
1996 (平8)	10. JAL8代目制服 10. JALスチュワーデスを「フライト・アテンダント」へ正式改称 11. スカイマークエアラインズの設立 11. 北海道国際航空(エア・ドゥ)の設立	
1997 (平9)	5. 航空連合スターアライアンスの設立 ＊大規模な国際航空連合の出現	7. 香港返還 11. 北海道拓殖銀行破綻，山一證券廃業

1998 (平10)	9. スカイマークの初就航 12. エア・ドゥの初就航	2. 長野冬季五輪開催
1999 (平11)	2. 航空連合ワンワールドの設立 10. ANAがスターアライアンス加盟	6. 男女共同参画社会基本法公布
2000 (平12)	6. 航空連合スカイチームの設立	
2001 (平13)		9. 米国同時多発テロ
2002 (平14)	6. エア・ドゥの経営破綻 8. スカイネットアジア航空(後のソラシドエア)の初就航 10. JALがJASを経営統合	5–6. サッカーW杯日韓共同開催
2003 (平15)		3. イラク戦争勃発 4. 日本郵政公社発足
2004 (平16)	4. JAL9代目制服	5. 裁判員法成立 12. スマトラ沖地震
2005 (平17)	2. 中部国際空港(セントレア)の開港 5. ANA9代目制服	2. 京都議定書(温暖化防止)発効
2006 (平18)	4–6. ドラマ『アテンションプリーズ』(フジテレビ) 7–9. ドラマ『CAとお呼びっ!』(日本テレビ)	
2007 (平19)	4. JALがワンワールド正式加盟	10. 郵政完全民営化
2008 (平20)	11. 映画『ハッピーフライト』(東宝)の公開	9. リーマン・ショック 10. 観光庁発足
2009 (平21)	3. 書籍『キャビンアテンダントのおもてなし』(ANAキャビンアテンダント取材班)	8. 政権交代(民主党中心の連立政権へ)
2010 (平22)	1. JALの経営破綻	
2011 (平23)		3. 東日本大震災
2012 (平24)	3. ピーチ・アビエーションの初就航 7. ジェットスター・ジャパンの初就航 8. エアアジア・ジャパンの初就航(後のバニラ・エア，ピーチの一部)	7. 日本政府が尖閣諸島国有化を発表(中国の抗議激化)

2013 (平25)	6. JAL10代目制服 8. ANA客室乗務員の正社員採用の再開を発表(次年度から実施) 12. ANA「OMOTENASHIの達人」コンテストの開始	9. 東京五輪2020開催決定 ＊訪日外国人(インバウンド)数が初めて年間1000万人超
2014 (平26)	8. 春秋航空日本の初就航	6. イラク北部で「イスラム国(IS)」樹立宣言
2015 (平27)	2. ANA10代目制服 12. スカイネットアジア航空がソラシドエアへ商号を改称	＊インバウンドが出国者(アウトバウンド)を逆転
2016 (平28)	4. JAL客室乗務員の正社員化	12. カジノ法案可決 ＊インバウンド数が年間2400万人超
2017 (平29)		1. トランプ米大統領が就任式で「アメリカ第一主義」宣言
2018 (平30)		＊インバウンド数が年間3000万人超
2019 (平31) (令元)	5. ANA世界最大の旅客機A380の就航(東京・ホノルル線) 9. トーマス・クック社経営破綻	4. 明仁天皇が生前退位 5. 徳仁天皇が即位，令和に改元
2020 (令2)	4. JAL11代目制服(予定)	7–8. 東京五輪2020開催(予定)

出典：中村政則・森武麿編『年表　昭和・平成史　新版1926–2019』(岩波ブックレット, 2019年), 日本航空協会編『日本航空史年表』(同会, 1981年), 日本航空協会編『日本の航空100年』(同会, 2010年), 全日空サイト(https://www.ana.co.jp/group/company/ana/uniform/), 日本航空サイト(https://www.jal.com/ja/outline/history/uniform/)などをもとに作成(最終アクセス2020年1月20日).

主な引用・参考文献

青木義英・神田孝治・吉田道代編著『ホスピタリティ入門』新曜社，2013 年
赤木洋一『「アンアン」1970』平凡社新書，2007 年
稲垣恭子『女学校と女学生』中公新書，2007 年
ANA キャビンアテンダント取材班『キャビンアテンダントのおもてなし――ANA に学ぶマナー術』角川学芸出版，2009 年
江上いずみ『JAL 接客の達人が教える幸せマナーとおもてなしの基本』海竜社，2015 年
――『JAL ファーストクラスのチーフ CA を務めた「おもてなし達人」が教える“心づかい”の極意』ディスカヴァー・トゥエンティワン，2016 年
奥谷禮子『日航スチュワーデス　魅力の礼儀作法――人をひきつける話し方・ふるまい方』大和出版，1985 年
鎌田慧編『スチュワーデスはアルバイトでよいのか――安全は？　雇用は？』岩波ブックレット，1995 年
斎藤進「エアーガール」(『航空情報』せきれい社，1951 年 10 月号)
佐高信・小倉寛太郎『企業と人間――労働組合、そしてアフリカへ』岩波ブックレット，2000 年
沢木耕太郎『深夜特急』第 1 便・第 2 便，新潮社，1986 年
――『旅する力――深夜特急ノート』新潮社，2008 年
須藤廣・遠藤英樹『観光社会学 2.0――拡がりゆくツーリズム研究』福村出版，2018 年
全日本空輸編『大空へ二十年』全日本空輸，1972 年
――『限りなく大空へ――全日空の 30 年』全日本空輸，1983 年
――『大空への挑戦――ANA50 年の航跡』全日本空輸，2004 年
中丸美繪『日本航空一期生』白水社，2015 年
成相肇・清水広子編『ディスカバー，ディスカバー・ジャパン　「遠く」へ行きたい』東京ステーションギャラリー，2014 年
難波功士『族の系譜学――ユース・サブカルチャーズの戦後史』青弓社，2007 年
日本航空編『日本航空 10 年の歩み　1951–61』日本航空，1964 年
――『日本航空 20 年史　1951–1971』日本航空，1974 年
――『スチュワーデスの本――JAL スチュワーデス総力編集』(深田祐介監修)日本航空，1980 年
――『スチュワーデスの旅情報――JAL スチュワーデス総力編集』(深

田祐介監修)日本航空，1981年
――『日本航空社史 1971–1981』日本航空，1985年
――『日本航空40年の軌跡――写真で見る日本航空40年史』日本航空，1992年
――『JALグループ50年の航跡』日本航空，2002年
日本航空客室乗務員組合編『輝いて――日航客乗組合30年史』日本航空客室乗務員組合，1995年
日本航空協会編『日本航空史』明治・大正篇(1956年)，昭和前期編(1975年)，昭和戦後編(1992年)，日本航空協会
――『日本民間航空史話』日本航空協会，1966年
――『日本航空史年表――証言と写真で綴る70年』日本航空協会，1981年
――『日本の航空100年――航空・宇宙の歩み』日本航空協会，2010年
福間良明・山口誠編『「知覧」の誕生――特攻の記憶はいかに創られてきたのか』柏書房，2015年
藤岡和賀夫編著『DISCOVER JAPAN 40年記念カタログ』PHP研究所，2010年
ホックシールド，A. R.，石川准・室伏亜希訳『管理される心――感情が商品になるとき』世界思想社，2000年(原著1983年)
森彰英『「ディスカバー・ジャパン」の時代――新しい旅を創造した，史上最大のキャンペーン』交通新聞社，2007年
ヤノ，C. R.，久美薫訳『パン・アメリカン航空と日系二世スチュワーデス』原書房，2013年
山口誠『グアムと日本人――戦争を埋立てた楽園』岩波新書，2007年
――『ニッポンの海外旅行――若者と観光メディアの50年史』ちくま新書，2010年
――「「観光のまなざし」の先にあるもの――後期観光と集合的自己をめぐる試論」『観光学評論』5巻1号，観光学術学会，2017年
吉見俊哉『視覚都市の地政学――まなざしとしての近代』岩波書店，2016年
――『平成時代』岩波新書，2019年
『スチュワーデスmagazine』1985年8月号，イカロス出版
『丸』1953年11月号，聯合プレス社

＊『朝日新聞』『国民新聞』『東京日日新聞』『毎日新聞』『都新聞』『読売新聞』(引用・参照した年月日は該当箇所に記載)

Bain, D. (Baker, T. & Jones, R.) (1967) *Coffee, tea or me?: the uninhibited memoirs of two airline stewardesses*, Bartholomew House
Barry, K. M. (2007) *Femininity in flight: a history of flight attendants*, Duke University Press
Brooks, A. & Devasahayam, T. (2011) *Gender, emotions and labour markets: Asian and Western perspectives*, Routledge
Crain, M. G., Poster, W. R. & Cherry, M. A. (eds.) (2016) *Invisible labor: hidden work in the contemporary world*, University of California Press
Enstad, N. (1999) *Ladies of labor, girls of adventure: working women, popular culture, and labor politics at the turn of the twentieth century*, Columbia University Press
Hochschild, A. R. (2012) *The outsourced self: intimate life in market times*, Metropolitan Books
Ivy, M. (1995) *Discourses of the vanishing: modernity, phantasm, Japan*, University of Chicago Press
Lawrence, P. K. & Thornton, D. W. (2005) *Deep stall: the turbulent story of Boeing commercial airplanes*, Ashgate
Lichtenstein, N. (2002) *State of the union: a century of American labor*, Princeton University Press
Lyth, P. (2009) "'Think of her as your mother': airline advertising and the stewardess in America, 1930–1980", *The Journal of Transport History*, 30 (1) :1–21
Nielsen, G. P. (1982) *From sky girl to flight attendant: women and the making of a union*, ILR Press
Omelia, J. & Waldock, M. (2006) *Come fly with us!: a global history of the airline hostess*, Collectors Press
Rosen, R. (2000) *The world split open: how the modern women's movement changed America*, Penguin Books
Stadiem, W. (2014) *Jet set: the people, the planes, the glamour, and the romance in aviation's glory years*, Ballantine Books
Vantoch, V. (2013) *The jet sex: airline stewardesses and the making of an American icon*, University of Pennsylvania Press
Whitelegg, D. (2007) *Working the skies: the fast-paced, disorienting world of the flight attendant*, New York University Press
Yano, C. R. (2013) ""Flying geisha": Japanese stewardesses with Pan American world airways", in Freedman, A., Miller, L. and Yano, C. R. (eds.), *Modern girls on the go: gender, mobility, and labor in Japan*, Stanford University Press